文化传承与创新研究

伍　丹　袁玉芹　李　扬◎著

中国纺织出版社有限公司

内 容 提 要

本书深刻探讨了当代社会文化传承与创新之间的关系，全面涵盖了文化传承与创新的理论基础、冲突与融合、数字化时代、社会参与、跨文化交流等多个方面的内容，揭示了文化保护与创新之间微妙的平衡，以及数字化时代对文化传承的深刻影响。本书还探讨了公众在文化传承与创新中的作用以及全球化对文化的影响。

最后，本书对未来的研究方向提出了建议，为研究者深化对文化传承与创新关系的研究提供了思路。

图书在版编目（CIP）数据

文化传承与创新研究 / 伍丹，袁玉芹，李扬著 . 北京：中国纺织出版社有限公司，2024. 6. -- ISBN 978-7-5229-2033-7

Ⅰ . K203

中国国家版本馆 CIP 数据核字第 2024ZH7934 号

责任编辑：曹炳镝　段子君　　　　责任校对：王蕙莹
责任印制：储志伟

中国纺织出版社有限公司出版发行
地址：北京市朝阳区百子湾东里 A407 号楼　邮政编码：100124
销售电话：010—67004422　传真：010—87155801
http://www.c-textilep.com
中国纺织出版社天猫旗舰店
官方微博 http://weibo.com/2119887771
天津千鹤文化传播有限公司印刷　各地新华书店经销
2024 年 6 月第 1 版第 1 次印刷
开本：710 × 1000　1/16　印张：10
字数：210 千字　定价：99.90 元

前　言

文化传承与创新是当代社会一个备受关注的话题，它涉及我们珍视的文化传统如何在时光的冲击中延续，同时它也关乎新思想、新技术如何为文化注入新的生机。《文化传承与创新研究》旨在深入探讨这一深刻的问题，全面涵盖理论基础、冲突与融合、数字化时代、社会参与、跨文化交流等多个方面的内容，使读者对这一主题有全面的认知。

在现代社会，文化传承与创新的互动关系越发重要，因为社会不断发展，全球化进程与科技创新不断推动文化变迁。本书通过翔实的案例和理论分析，深刻揭示了文化保护与文化创新之间微妙的平衡，以及数字化时代对文化传承的深刻影响。数字技术、虚拟现实、社交媒体等新兴力量对传统文化带来的挑战与机遇。

社会参与和跨文化交流也是本书的一个关键主题。本书将探讨公众在文化传承与创新中的作用，以及全球化对文化的影响。本书从社区参与、公众参与、社会团体等不同角度，带领读者了解文化传承与创新的多元面貌。

最后，在总结研究发现的基础上，本书将提出对文化传承与创新理论的贡献，并展望未来的研究方向。我们希望本书为学者、研究人员和社会各界提供一个深刻而全面的认识，促使更多人关注并参与到文化传承与创新的持续演进中。本书旨在为文化传承与创新领域的学术研究和实践工作提供有益的启示，引领更多深入的思考和深刻的探讨。

著者

2024 年 2 月

目　录

第一章　导论 ………………………………………………… 1
　第一节　背景与研究动机 ……………………………………… 1
　第二节　研究问题与目标 ……………………………………… 4
　第三节　研究方法与框架 ……………………………………… 7
　第四节　文献综述 ……………………………………………… 10
第二章　文化传承的理论基础 ……………………………… 15
　第一节　文化的定义与范畴 …………………………………… 15
　第二节　传承的概念与机制 …………………………………… 25
　第三节　文化传承的重要性与意义 …………………………… 34
　第四节　国际上的文化传承案例研究 ………………………… 43
第三章　创新理论与文化创新 ……………………………… 53
　第一节　创新的概念与分类 …………………………………… 53
　第二节　创新与社会发展的关系 ……………………………… 55
　第三节　文化创新的内涵与特征 ……………………………… 57
　第四节　创新与传统文化的互动 ……………………………… 59
第四章　文化传承与创新的冲突与融合 …………………… 67
　第一节　传承与创新的冲突分析 ……………………………… 67
　第二节　文化保护与文化创新的平衡 ………………………… 73
　第三节　创新对传统文化的影响 ……………………………… 80

第四节　传承中的创新策略 …… 82

第五章　数字化时代下的文化传承 …… 87

第一节　数字技术与文化传承 …… 87

第二节　虚拟现实与文化体验 …… 89

第三节　社交媒体与文化传播 …… 94

第四节　文化数字化的挑战与机遇 …… 99

第六章　社会参与文化创新 …… 111

第一节　社区参与文化项目 …… 111

第二节　公众参与文化传承的角色 …… 117

第三节　社会团体与文化创新 …… 123

第七章　跨文化交流与创新 …… 125

第一节　全球化对文化传承的影响 …… 125

第二节　跨文化交流中的文化适应与创新 …… 129

第三节　国际合作与文化共创 …… 132

第八章　结论与展望 …… 139

第一节　研究发现总结 …… 139

第二节　对文化传承与创新的理论贡献 …… 140

第三节　实践意义与建议 …… 143

第四节　未来研究方向展望 …… 145

参考文献 …… 147

附　录 …… 149

附录一　调查问卷样本 …… 149

附录二　问卷调查样本 …… 150

第一章　导论

第一节　背景与研究动机

一、研究背景

（一）社会发展背景下的文化挑战

在当今社会发展迅猛的背景下，文化传承与创新面临前所未有的多重挑战，这些挑战源于全球化趋势、科技进步以及社会结构的深刻变革。全球化的影响使得文化面临更加复杂的融合，而科技进步则为文化传承与创新带来了新的可能性与难题。在这一不断演变的背景下，传统文化的保护与创新之间的平衡成为摆在我们面前亟待解决的重要问题。

1. 全球化浪潮使得文化传承与创新面临跨越国界的挑战

不同文化因全球化而相互交融，传统的地域性特征逐渐受到冲击，文化元素在全球范围内交汇与碰撞。这种全球化的趋势既为文化传承带来了新的视野，同时也让文化面临多元化的冲击。传统文化如何在全球化的背景下找到自己的定位，如何在多元文化的大熔炉中保持独特性，成为亟须研究的焦点。

2. 数字化时代对文化传承与创新提出了新的考验

数字技术的快速发展使得信息传递的速度加快，文化传承不再仅限于传统的传播途径。然而，数字化时代也带来了文化信息碎片化和传播速度过快的问题，这对传统文化的深度传承构成了威胁。如何在数字化时代有效保护传统文化的精髓，使其在新的传播平台得以延续，成为当前亟须回答的问题。同时，数字技术也催生了新的文化创新形式，例如虚拟现实、社交媒体等工具的应用使得文化创新更多样化，这也需要我们深入探讨数字化时代给文化传承与创新带来的深刻影响。

3. 社会结构的调整也对文化传承与创新提出了新的挑战

社会的多元化、城市化进程的加速使得人们的生活方式、价值观念发生了深刻变化。这种社会结构的演变不仅直接影响人们对传统文化的接受程度，同时也影响文化创新的方向与内容。因此，如何使传统文化更好地适应新的社会背景，如何引导文化创新更符合当代人的需求，成为摆在我们面前的重要问题。

（二）全球化对文化传承的影响

全球化浪潮深刻地改变了文化传承的格局，不再将其局限于特定地域，而是呈现出跨越国界的趋势。这一趋势既为文化传承带来了机遇，同时也引发了多元文化的碰撞与融合。在全球化大背景下，传统的文化传承模式在全球化的冲击下发生了深刻变革，随着信息和人员的自由流动，不同文化之间的互动日益频繁，形成了一种涌动的文化交流网络。

全球化加速了文化元素的传播速度，使得人们更容易接触来自世界各地的文化。然而，这一过程也带来了文化同质化的威胁，一些地方特有的文化元素可能因全球化而逐渐淡化。因此，在实现文化传承与创新的过程中，我们需要平衡全球性和本土性的关系。如何在保护传统文化的同时，使其在全球化中焕发新的生机，是当前文化研究领域的一个重要议题。

全球化时代，文化传承面临的挑战不仅来自外部文化的冲击，更涉及文化主体内部的自我认同与传承意愿。在全球化大潮中，一些传统文化可能因为缺乏现代元素而难以吸引年青一代的关注，从而导致传承断层。因此，文化传承需要更加注重创新，通过融合现代元素与传统文化，使之在新的时代语境中找到共鸣点。

此外，全球化还推动了文化产业的繁荣，为文化传承提供了新的发展机遇。数字化技术的崛起使得文化内容更容易传播，也促进了文化创意产业的兴起。然而，文化产业的商业化也带来了一定的风险，可能导致文化的泛滥和异化。因此，在全球化背景下，文化传承需要在商业化的同时保持其内在的深度与内涵，以避免成为纯粹的商品。

二、研究动机

（一）理论探索的空白

目前，文化传承与创新尚未形成完善的理论体系的框架，存在理论探索的空白，迫切需要我们深入研究以填补这一理论上的缺失。文化传承与创新的复杂性要求我们超越传统的学科边界，以跨学科的视角来审视这一议题。在全球化时代，传统文化传承在面临外部文化冲击的同时，也需要与新兴文化元素相融合，这对构建一个全面的理论框架提出了挑战。

第一，我们需要深入研究文化传承与创新之间的关系，明晰二者在实践中的相互影响机制。传承是否阻碍创新，或者创新是否导致传承的失落，都是需要深入研究的问题。此外，理论框架应考虑到文化传承与创新在不同文化背景下的特殊性，以及全球化对于这些特殊性的影响。在这方面，我们可以借鉴文化人类学、社会学，以及创新管理等学科的理论，建立一个更加综合和全面的理论框架。

第二，理论框架需要对文化传承与创新的驱动力进行深入研究。了解在不同文化背景下，是什么因素推动了文化传承的发生，又是什么因素激发了文化创新的动力，这是理论构建中的关键问题。文化传承与创新的推动力可能包括社会需求、技术发展、文化政策等多方面因素，我们需要建立一个系统的理论框架来分析这些复杂而多样的影响。

第三，理论框架还应考虑到文化传承与创新的参与主体问题。在全球化时代，文化传承与创新不再仅仅是某一特定群体或地域的事务，而是涉及多元文化的碰撞和融合。因此，理论框架需要关注不同社群、不同群体在文化传承与创新中的角色和互动，以便更好地理解其发展动态。

第四，为了填补文化传承与创新理论上的空白，我们可以从实证研究、案例分析，以及跨文化比较等多个层面入手，以丰富理论框架的内容。我们通过对全球范围内不同文化传承与创新实践的深入观察和研究，可以为理论框架的构建提供实证支持，并进一步完善其内涵。

（二）社会实践的需求

社会对文化传承与创新的实际问题提出了迫切需求，这主要体现在数字化对文化传承的影响以及社会参与的角色变化等方面。数字化时代，信息技术的迅猛发展对传统文化传承提出了新的挑战。数字化的崛起改变了信息传播方式，使得文化元素更容易被传播、保存和获取。然而，数字化时代也带来了文化同质化和信息过载的问题，传统文化可能因为缺乏新媒体的表达形式而面临被边缘化的风险。因此，社会亟须研究如何在数字化时代保护和传承传统文化，使其在新的技术环境中找到生存的途径。

另外，社会参与在文化传承与创新中扮演着至关重要的角色。传统的文化传承往往侧重于特定的文化机构或专业人士，而社会参与的角色则更强调广泛的群体参与和社区合作。社会参与的方式多种多样，包括文化活动的组织、非正式传承网络的建立以及公众对文化政策的参与等。社会参与的推动力在于使更广泛的群体能够对文化传承与创新过程有更直接的影响，从而实现文化的活力和多元性。当前，社会对于如何更好地促进公众参与文化传承与创新的方式提出了实际问题，需要通过深入研究来探讨社会参与在文化领域中的具体作用和影响机制。

最后，社会对文化传承与创新的需求还表现在对文化产业的关注上。文化产业的兴起既为文化传承提供了新的发展机遇，同时也引发了一系列问题，如商业化对文化的影响、文化产品的质量与多样性等。社会需要研究如何在文化产业的发展中平衡商业化和文化的双重目标，以及如何促进文化产业的可持续发展。这需要对文化产业的运作机制、政策支持和市场需求进行深入研究，以更好地满足社会对丰富多彩文化的需求。

第二节　研究问题与目标

一、研究问题

（一）文化传承与创新的平衡问题

1. 传承与创新的理论框架构建

在探讨文化传承与创新的平衡问题时，首要任务是构建一个有深度的理论框架。传承与创新并非二元对立，而是相辅相成的关系。理论框架应从文化学、社会学、创新管理等多个维度出发，深入分析传统文化的核心元素与创新的驱动力，以建立一个全面且具体的指导模型。

2. 传统文化的核心元素保护与传承

传统文化作为根植于社会历史深处的精神财富，对其核心元素的保护至关重要。这包括语言、习俗等方面的传承，需要通过系统性的文化政策和社会教育来确保其传承不受侵蚀。同时，传承过程中需注重与当代社会的联结，使传统文化焕发新的活力。

3. 创新在文化传承中的角色定位

创新不仅是技术层面的变革，更涉及思想、表达形式等多个层面。在文化传承中，创新的角色是为传统文化赋予新的表达方式和含义。研究需深入挖掘创新如何在文化传承中发挥积极作用，推动文化元素与时代的融合。

4. 社会参与文化传承的共建机制

社会参与是实现文化传承与创新平衡的关键。研究需考察不同社群的参与方式，建立多元主体参与的共建机制。这涉及社区教育、文化活动组织、社会媒体的引导等方面，以促使广泛社会成员参与到文化传承与创新的过程中。

（二）数字化时代对文化传承的影响

1. 数字化时代的文化传承挑战与机遇

数字技术的迅猛发展使得文化传承面临前所未有的挑战与机遇。研究需深入探讨数字化时代对传统文化传承所带来的挑战，包括信息同质化、数字鸿沟等问题，同时审视数字技术如何为文化传承提供新的机遇，如数字化档案的建立、虚拟展览的推动等。

2. 数字技术对文化传承模式的改变

数字技术不仅改变了文化传承的内容，更深刻地改变了传承的方式。研究应聚焦于数字技术如何影响传统文化传承模式，包括但不限于线上展览、数字图书馆、社交媒体传播等。此外，研究需分析这些变革对文化传承的长期影响，包括文化的可持续性、传承的深度与广度等方面。

3. 数字化时代是否是文化创新的催化剂

数字化时代是否成为文化创新的催化剂是一个关键问题。研究需细致探讨数字技术对文化创新的推动作用，包括数字艺术的崛起、虚拟现实的应用等方面。同时，研究需要注意数字化时代是否可能引发文化同质化问题，以及如何通过数字技术促进多元文化的创新。

4. 社会政策与数字文化传承的协同发展

数字化时代的文化传承需要得到社会政策的支持与引导。研究需探讨政府如何通过数字文化政策来促进传统文化的数字化传承，以及如何制定法规以保护数字文化的创新成果。此外，研究社会与政府如何协同发展数字文化传承也是一个需要深入研究的方向。

二、研究目标

（一）建立理论框架

1. 文化传承与创新的综合理论构建

在构建文化传承与创新的理论框架时，首先需要整合文化学、社会学、创新管理等多学科的理论资源，形成一个全面且系统的框架。这些框架应该能够深刻理解传统文化的本质、创新的驱动力，以及二者在不同社会背景下的互动关系。研究通过对先前研究成果的综合分析，明晰文化传承与创新的核心概念、关键要素，为后续深入研究提供基础。

2. 传承与创新的平衡机制研究

这套理论框架需要详细探讨传承与创新之间的平衡机制，包括文化传承过程中如何保持传统文化的原汁原味，同时又能够灵活应对时代变迁，实现创新。研究通过对平衡机制的深入研究，可以为社会提供具体的理论指导，以促使文化传承与创新之间达到更和谐的状态。

3. 社会参与理论框架的结合研究

理论框架中应强调社会参与的角色，深入研究社会参与如何与理论框架相结合，促进文化传承与创新的协同发展。这包括探讨社会各界对文化传承与创新的认知、参与方式以及对策略的影响。理论框架通过与社会参与相结合，可以更好地指导实际操作，推动理论的实践应用。

（二）解析数字化时代的影响

1. 数字化时代对文化传承的挑战与机遇分析

针对数字化时代的影响，我们需要深入分析其对文化传承的挑战与机遇。研究应关注信息同质化、数字鸿沟、虚拟化等问题，同时审视数字技术如何为文化传承提供新的机遇，如数字化档案的建立、虚拟展览的推动等。研究通过对数字化时代的全面解析，可以更好地把握其对文化传承的复杂影响。

2. 数字技术改变文化传承模式的深度研究

数字化时代，数字技术不仅改变了文化传承的内容，更深刻地改变了文化传承的方式。研究应聚焦于数字技术如何影响传统文化传承模式，包括但不限于线上展览、数字图书馆、社交媒体传播等。研究通过深入研究数字技术在文化传承中的应用，可以为制定适应数字化时代的文化政策提供理论支持。

3. 数字化时代是否是文化创新的催化剂的深入探讨

研究需深入探讨数字化时代是否成为文化创新的催化剂。这包括数字艺术的崛起、虚拟现实的应用等方面。需要关注数字化时代是否可能引发文化同质化的问题，以及如何通过数字技术促进多元文化的创新。研究通过深度探讨数字化时代是否促进文化创新，可以为文化创新提供新的理论视角。

4. 社会政策与数字文化传承的协同发展的实证研究

数字化时代的文化传承需要得到社会政策的支持与引导。研究应探讨政府如何通过数字文化政策来促进传统文化的数字化传承，以及如何制定法规以保护数字文化的创新成果。研究通过实证分析，可以深入了解政策与实际应用之间的关系，为其提供更具体和可操作性强的建议。

第三节 研究方法与框架

一、使用的研究方法

（一）文献分析

我们通过对相关文献的系统梳理，可以明确当前文化传承与创新领域的研究现状，为进一步的理论构建提供基础。在文化传承方面，学者们着重关注文化在全球化时代的生存与发展，强调保护核心文化元素的同时如何实现与时俱进。研究者通过对各种传承模式、机制的分析，探讨了社会主体参与、政策引导等方面的实践经验。在创新方面，文献呈现出对创新理念的深入探讨，包括创新的概念内涵、创新的驱动力及影响因素等。学术界对文化创新的关键因素进行了多角度的研究，包括社会环境、技术发展、教育培养等方面。值得注意的是，当前对文化传承与创新的平衡问题关注度逐渐提高，研究者开始关注如何在传承传统文化的同时实现创新，以及社会参与在平衡过程中的作用。然而，数字化时代对文化传承的影响成为文献中的一个重要主题。学者们广泛关注数字技术对传统文化传承模式、内容呈现和社会互动的影响，强调数字化时代为文化创新提供新的契机。尽管文献中涉及了众多研究方向，仍有一些尚未被充分探讨的问题，例如社会参与在数字化时代的作用机制，数字技术对文化创新长期影响的深层次研究等。

我们通过对文献的综合分析，可以看到文化传承与创新领域已经形成了一些初步的理论框架，但仍需要在理论内涵的深化和实证研究的丰富性上进一步努力。这为未来的研究提供了启示，提示学者们应当关注文化传承与创新的新领域，深入研究其中的机制和影响因素，以全面而系统地推动该领域的发展。

（二）案例分析

在具有代表性的文化传承与创新案例中，我们可以窥见一些规律与经验，这为理论的实证支持提供了有益的依据。以中国京剧的传承与创新为例，京剧作为中国传统戏曲之一，面临全球化时代的巨大挑战。

在传承方面，在国家层面的政策支持下，京剧传承基地得以建立，这强化了师徒制度，确保了核心技艺的传承。同时，京剧元素正在引入学校教育、社区活动等领域，促使传统文化与现代生活形成有机联结。在创新方面，一些创新性的演出形式和剧目涌现，通过改编经典剧目、引入现代舞台技术等手段，使京剧在新的时代背景下焕发新的生命力。

这表明，在文化传承与创新中，政策支持、教育参与、社区融合等多层次的策略是取得成功的关键。

在数字化时代的影响方面，以数字化艺术展览为例，传统艺术品通过数字技术，得以以更开放的方式呈现，观众可以通过虚拟现实等技术感受到丰富的、沉浸式的文化体验。此外，数字平台为艺术家提供了创作与传播的新途径，推动了艺术创新的发展。

然而，现实中也存在数字化作品质量监管、文化差异在数字平台上的表达等问题，这提醒研究者在构建理论框架时，需考虑多层次、多因素的综合影响，以更好地应对当今复杂多变的文化传承与创新的挑战。

二、分析框架的设立

（一）综合性框架

文化传承与创新的综合性框架应该基于多个关键维度，以深入理解这一复杂而动态的领域。

第一，理论基础是构建框架的基石，研究者应综合运用文化学、社会学、创新管理等学科的理论资源，形成一个跨学科的理论基础。这个基础旨在让我们深刻理解文化传承的内涵、创新的动力，以及它们在全球化时代的相互作用。在这一层面，我们需要关注传统文化的核心元素，创新的驱动力，以及理论框架如何综合这些元素来解释文化传承与创新的关系。

第二，框架应考虑文化传承与创新中的冲突和融合。传统与现代、本土与全球之间的冲突常常是文化传承与创新过程中的挑战。在这个层面，框架需深入分析不同文化元素之间的冲突机制，以及如何通过创新实践来实现文化的融合。这包括对传统文化的保护与创新的冲突，全球化对本土文化的冲击等研究，旨在找到在冲突中实现平衡的途径。

第三，数字化时代是框架中一个重要的维度。数字技术的快速发展改变了文化的传承与创新方式。在这方面，框架需要深入探讨数字技术对传统文化传承模式、内容呈现和社会互动的影响。这包括对数字技术在文化传承中的创新应用以及文化同质化的风险等研究。

第四，社会参与是框架中另一个至关重要的维度。文化的传承与创新不再仅仅是特定群体或机构的事务，更涉及社会的广泛参与。在这个层面，框架应该研究不同社群、不同群体在文化的传承与创新中的角色和互动，强调多元主体参与的重要性，包括社区教育、文化活动组织、社会媒体的引导等。

第五，框架需要考虑跨文化交流这一维度。在全球化时代，文化的传承与创新不再局限于特定地域。因此，框架应该深入研究不同文化背景下文化的传承与创新的特殊性，并强调跨文化交流对文化丰富性和多样性的贡献。这包括对文化交流对于传统文化的冲击与启示，跨文化融合的实践经验等研究。

（二）多角度透视

文化传承与创新的综合性框架应该在分析中注重多角度的透视，从社会学、心理学、经济学等多个学科的视角，以全面、深入地理解这一复杂现象。

研究者可以从社会学视角深入研究文化传承与创新在不同社会群体中的动态，包括社会分层对文化的传承与创新的影响、社会团体之间的文化冲突与融合等。此外，社会学的方法还有助于我们理解文化传承与创新对社会结构、社交网络的塑造和改变。

心理学角度提供了对个体层面的深刻理解。研究者可以从心理学的视角深入分析文化的传承与创新对个体认同、情感和认知的影响，例如传统文化的认同是如何影响个体的创新行为，个体的创造力如何与传统文化的接触相互作用等。心理学视角有助于我们理解个体在文化的传承与创新过程中所经历的情感体验、动机和心理障碍，从而更好地制定培养和激励创新的策略。

经济学角度强调文化传承与创新对经济系统的影响。研究者可以从经济学的视角探讨文化传承与创新如何影响市场经济的结构、劳动力市场的配置以及文化产业的发展。经济学角度还有助于我们理解文化传承与创新对创意产业、文化创意市场和文化企业的激励机制和市场机制的塑造。此外，经济学视角为我们探讨文化传承与创新对经济增长的贡献、文化资本的积累以及文化产业对国家竞争力的影响提供了深入研究的方向。

这种多角度透视框架能够强调不同学科之间的交叉，促使研究者们更深层次地理解文化传承与创新的复杂性。综合社会学、心理学、经济学等多学科的视角，有助于构建一个更全面、具体且可操作性强的框架，为理论和实践提供更深入的洞察。

第四节 文献综述

一、文化传承的历史演进

（一）文化传承的定义与内涵

文化传承是一个涵盖广泛领域的复杂概念，其定义和内涵受到多学科、多文化的影响，不同学者从不同的视角和背景出发对文化传承进行了多层次解读。文化传承旨在将一代人的文化传递给下一代，保持和传承文化的核心价值、信仰、传统技艺等，以确保社会和文化的持续发展。从社会学的角度来说，文化传承是社会中的一种动态过程，通过社会组织、家庭、学校等机构，将文化元素代代相传，形成一种社会共识和社会认同。心理学研究强调文化传承对个体心理结构的塑造，认为文化传承是个体在社会环境中接受并内化文化价值观念、信仰体系的过程，从而形成自我认同和文化认同。从文化人类学的角度来说，文化传承涵盖了物质文化和非物质文化的传承，包括语言、宗教、仪式、传统技艺等方面的传承，体现了文化的多样性和动态性。

文化传承的定义在不同历史和文化背景下也发生了演进。在传统社会，文化传承更侧重于口头传统、习俗、仪式等的代际传递。随着现代化和全球化的发展，文化传承逐渐融入教育、媒体、科技等多元化的载体中，传承的方式和手段得以丰富和多样化。此外，文化传承也受到了技术进步的影响，数字化时代为文化传承提供了新的可能性，文化通过互联网、虚拟现实等技术手段，得以以开放、共享的方式传递，加速了文化元素的传播和跨文化的交流。

文化传承的内涵在不同文化语境中表现出不同的特征。在中国传统文化中，文化传承强调家庭教育、师徒制度、祭祀仪式等方式，注重对道德伦理和传统技艺的传承。在西方文化中，文化传承更强调个体的创造性和自由，注重对知识、创新精神的传承。然而，在全球化浪潮下，各种文化之间的互动与融合使得文化传承的内涵变得更加多元、开放，涌现出新的文化形式和文化认同。文化传承不再是封闭的传统，而是在跨文化交流中不断演进和重构。

（二）文化传承机制

文化传承机制是文化元素代际传递的方式和手段，涵盖口头传承、书写传承等多种途径，其运作特点在不同文化中体现出不同的特色。口头传承是一种最古老且应用广泛的传承方式，通过口头语言的表达，将文化知识、传统故事、价值观念等代代相传。这种机制强调亲身经历、言传身教，通常在家庭、社区等场合中发挥重要作用。在口头传承中，故事、歌谣、谚语等形式被用来传达文化内涵，通过情感共鸣和生动的表达方式，更容易激发受众的兴趣和记忆。在非洲、拉丁美洲的一些地区，口头传承一直是社群生活中的核心，人们通过歌舞、诗歌等形式，将文化记忆代代相传。

书写作为文化传承一种文字化的机制，通过书写媒介记录文化元素，使文化实现跨时间和空间的传递。这种传承方式在历史上对于文学、经典、法律制度等内容的保存和传播发挥关键作用。书写传承在如古希腊、古罗马等古代文明时期发挥巨大作用，它使得人类的知识和思想可以超越时间的限制保留下来，并对后代产生深远影响。在亚洲文化中，尤其是印度的吠陀文献、佛经等通过书写传承方式，成为文化认同和宗教信仰的基石。随着技术的进步，数字化时代为书写传承提供了新的可能性，电子书、在线博物馆等工具为文化元素的广泛传播创造了更便捷途径。

除口头传承和书写传承之外还存在其他多种机制，如图像传承、物质传承等。图像传承通过绘画、雕刻、摄影等形式将文化表达呈现出视觉形象，使文化元素通过视觉艺术的方式传递。在古埃及、中世纪欧洲等地，壁画、雕塑是图像传承的重要手段，我们通过这些艺术品可以窥见当时人们的生活、信仰、艺术审美等方面的文化内涵。物质传承则通过文物、手工艺品、传统技艺等有形的物品，将文化元素传递给后代。在亚洲的传统手工艺传承中，陶瓷、刺绣、木雕等技艺通过世代相传的方式，保留了丰富的文化形态，成为文化传承的载体。

二、文化创新的理论体系

创新作为一个多层次且复杂的概念，在文化创新的理论体系中占有重要地位。首先，对创新的概念进行系统梳理是理解文化创新的基础。创新被广泛定义为新思想、新观念、新技术、新产品等的引入和应用。创新包括技术创新、产品创新、过程创新、组织创新等。技术创新强调新技术的研发与应用，产品创新关注新产品的设计与推出，过程创新强调生产与管理方式的创新，而组织创新关注组织结构与管理模式的变革。这一概念体系为深入研究文化创新提供了清晰的框架，使我们能够更全面地理解创新的本质及其多元化表现。

其次，创新与社会发展之间的关系是文化创新理论的另一重要维度。创新与社会发展相互作用，社会发展推动创新的发生与发展，而创新则为社会发展提供动力与支持。这种相互关系体现了创新在社会发展中的重要角色。在社会发展的过程中，创新不仅是响应发展的手段，更是塑造社会结构、改变社会观念的推动力。技术创新推动产业结构的变迁，产品创新影响市场格局的演变，组织创新促进社会机构的调整，而过程创新则提高效率。社会发展不断激发创新，反过来，创新也为社会提供了更丰富、更灵活的解决方案，使社会在不断发展中更具韧性。

在创新与社会发展的关系中，我们还需关注创新对社会的影响。创新不仅是经济增长的推动力，更是社会结构、文化形态的塑造者。创新引起的社会发展包括文化观念的更新、社会关系的变迁、价值体系的演进等方面。创新促使人们重新审视和调整自身在社会关系中的位置，激发新的社会认同和文化认同。这一维度的研究有助于我们更全面地理解创新与社会互动的机制，从而为文化创新提供深刻的理论基础。

三、数字化时代的影响

数字化时代的来临带来了深刻的影响，数字技术在文化传承方面发挥日益重要的作用。

首先，数字技术在文化传承中的应用为文化保存、展示和传播提供了新的途径。数字化技术使文化资料得以数字化存储，有效地保护了文化遗产，防范了时间和环境的侵蚀。数字档案的建立、数字化博物馆的创建以及在线文化资源的开发，使得文化传承不再受空间和时间的限制，更具可及性和广泛性。数字技术的应用还拓展了文化展示的形式，通过虚拟展览、数字图书馆等，为人们提供了更丰富和立体的文化体验。此外，数字媒体的兴起也加速了文化信息的传播，文化内容通过社交媒体、在线平台等，更加便捷地传播到世界各地，形成跨文化交流的新格局。

其次，虚拟现实技术作为数字技术的一个分支，深刻改变了人们对文化的体验方式。虚拟现实技术通过模拟真实场景，为用户提供身临其境的文化体验。在博物馆领域，虚拟现实技术使得用户能够通过虚拟导览、沉浸式展览等方式，更深入地了解文化展品，拓展了传统博物馆参观的方式。历史场景的虚拟还原仿佛让人们穿越时空亲身感受历史文化，提升了文化体验的沉浸感和互动性。虚拟现实技术为文化传承注入了新的活力，使得文化不再是静态的陈列品，而是具有生命力和参与性的体验。

数字化时代对文化传承的影响不仅是技术手段的改变，更涉及人们对文化的认知和参与方式的革新。数字技术的广泛应用为文化传承提供了更多元、更灵活的途径，打破了传统文化传承的时间和地域的限制，促使文化在全球范围内得以更加广泛地传播。同时，虚拟现实技术的崛起使文化体验更富有情感，拉近了人们与文化之间的距离。数字化时代的文化传承不仅是信息的传递，更是文化价值、情感体验的传递，为文化的传承与创新提供了新的机遇和挑战。

第二章　文化传承的理论基础

第一节　文化的定义与范畴

一、文化的由来与特征

（一）文化的由来

文化的由来可追溯到人类从狩猎时代向农耕时代过渡的过程中。在西方文化中，“文化”一词来源于拉丁语的cultura，其原始含义与“农耕、开垦”有关。这表明文化的发展与人类对土地的开发和农业的发展密切相关。从农耕社会开始，人类的生活方式发生了根本性变化，这些变化推动了人类自身特质的改变，以及对周围环境和社会规范的塑造。

文化也可以从汉语的文言文中的“纹”字中关联起来。在古代汉语中，“纹”通假为文化，指的是人工制造的各种花纹、线条或痕迹。随着人类社会的进步和发展，人们开始通过创造与艺术、实践和娱乐相关的文化表达方式来反映和传承自身的价值观、信仰、知识和技能。因此，文化是人类特有的，是人类思维和行为在特定社会环境中的表现。

文化贯穿着人类发展的历史轨迹。无论是古代还是现代，无论是个体行为还是群体活动，我们所看到的、所知道的所有人类活动都可以被视为文化的表现。从日常的讲课、学习、生活，到现代人所倡导的茶文化、饮食文化等，文化可以体现在方方面面。它不仅是一种具体的行为方式和生活方式，更深层次地影响着人们的思维方式、价值观念、社会规范和传统习俗。

文化的存在和发展源于人类的需求和创造力。文化承载着历史和文明的智慧，创造着新的思想和创意。每种文化都有其独特的特点和价值观，体现了不同社会和民族的个性与认同。

（二）文化的特征

文化具有六个主要特征。

1. 学习和传承

学习和传承是文化形成和发展的关键过程。文化不是与生俱来的，而是通过人们后天的学习和吸收发展起来的。在人类社会中，文化的学习和传承是通过多种渠道和方式进行的。

首先，教育是主要的学习和传承文化的途径之一。教育系统为人们提供了系统的知识和技能培训，使他们能够理解和接受文化中的价值观、道德准则和社会规范。学校教育、家庭教育、职业培训等机构和环境都起重要作用，帮助人们掌握和传承文化的精髓。

其次，社交是促进文化学习和传承的另一个重要途径。人们通过与家人、朋友、同事和社会群体的交往和互动，接触各种文化元素并加以吸收和理解。社会交往是人们融入特定文化群体的途径，个体通过与他人的沟通、观察和分享，能够获取文化中的经验、传统、价值观念和行为模式。

最后，观察也是学习和传承文化的重要途径之一。人们通过观察他人的言谈举止，参与各种活动和参观文化场所，获取一种无形的文化知识。观察使人们能够理解文化的符号、象征和意义，并从中获得启发和经验。

学习和传承文化的过程中，人们不仅接受文化中的知识、信仰和规范，还通过自主思考和创造性思维对其进行转化和创新。人们在学习和传承文化的过程中，不只是简单地接受和遵守，还能够根据个人经历、观点和需要对文化进行诠释和发展。

2. 共享和共同性

文化作为一个集体的产物，联结社区、民族或国家的成员，通过共同的语言、习俗、传统和艺术等形式来传递并表达社会价值观、信仰系统与行为规范。

首先，文化的共享意味着人们可以共同参与文化的创造、传播与传承过程。无论是在家庭、学校、工作场所还是社交活动中，人们通过彼此的互动与交流，分享自己的文化知识和体验，促进文化的传承与发展。这种共享不仅增强个体和群体之间的联系，也有助于形成文化认同感和归属感。

其次，文化通过共同的语言、习俗、传统和艺术等形式来联结和凝聚社会成员。语言是文化传播的媒介，它不仅是交流信息的工具，更是一种反映文化价值观的符号系统。习俗和传统则是人们共同遵循和遵守的行为规范和习惯。而艺术则是文化的表达和创造形式，人们通过欣赏和创作艺术作品，能够感受和赋予文化以审美的意义。

文化的共享和共同性不仅限于特定的社区或地域，也超越了民族和国家的界限。在当代社会，全球化的影响使得文化交流和融合变得更加普遍和频繁。不同文化之间的相互影响和交流，促进了共享和共同性的进一步发展。人们通过旅行、数字科技等方式，更容易接触不同文化，从而拓宽了视野，促进了文化的共享。

文化的共享和共同性对于社会的稳定与和谐具有重要意义。通过共享文化，人们建立了更紧密的联系，增进了社区和群体之间的凝聚力。共同的价值观和认同感也在一定程度上促进了社会秩序和社会合作的形成。同时，文化的共享与共同性也为人们提供了更广泛地参与和表达的机会，使每个个体都能够在社会中找到自己的位置和角色。

因此，文化是整个社会群体共同拥有和分享的重要财富，它通过共同的语言、习俗、传统和艺术等形式来联结和凝聚社会成员。文化的共享和共同性不仅构成了社会的文化基础，也对社会的稳定与和谐起重要作用。

3. 动态变化性

文化是动态的，它随着时间的推移而不断变化和演化。这种变化是由多种因素所驱动的，包括历史、环境和社会发展等因素。

历史是文化变化的重要因素之一。历史事件和演变对文化产生深远影响，如战争、思潮、政治变迁等。历史时期的转变和冲突会导致文化的转变和调整，人们可能重新审视和反思传统的价值观念和行为准则，并进行相应的改变。

环境也对文化的演变起重要作用。自然环境、气候和地理条件都会对人们的生活方式和文化习惯产生影响。例如，不同地域的气候和土壤条件会塑造出不同的农耕和渔猎方式，进而影响人们的食物选择和饮食习惯。此外，城市化和工业化的发展也对文化的演变产生了巨大影响，人们的生活方式和价值观念随之发生了变化。

社会发展是驱动文化变化的重要推动力之一。科技的进步、经济的发展、人口迁徙和全球化的影响都对文化产生了深远影响。新的思想、技术和媒介等因素的出现，催生了新的文化表达形式和方式。例如，数字技术和社交媒体的普及改变了人们信息获取和交流的方式，进而改变了他们的思维方式和观念。

移民也是文化变化的重要因素之一。随着人口迁徙和国际交流的增加，不同文化之间的接触和交流日益频繁，推动文化的融合和改变。不同地域、民族和文化背景的人群，他们的文化传统和经验与本土文化相遇和交融，从而形成了新的文化形态和表达方式。

4. 多样性和差异性

不同地区、民族和社群所拥有的文化是多样且存在差异的。文化是人类社会的精神财富，它是人们在特定历史、地理和社会背景下所形成的一系列知识、信仰、价值观念和生活方式的总和。

首先，在地理上，不同地区的地理环境和气候条件对文化产生了深远影响。从热带雨林到草原，从高山到沙漠，每个地区都有其独特的自然资源、环境特征和生活方式。这些地理条件直接影响人们的经济活动、社会结构和文化习俗，形成了多样而有区别的地方文化。

其次，民族和社群的文化差异源于对特定历史和传统的传承与发展。每个民族和社群都有属于自己的独特文化特征和身份认同，这体现在语言、宗教、风俗习惯、艺术形式和社会组织等方面。例如，中国的汉族、藏族、维吾尔族等各民族在语言、节日、传统手工艺和饮食习惯等方面存在明显差异。这些差异丰富了人类文化的多样性，并为社会增添了丰富的色彩和创造力。

文化的多样性反映了不同群体的特点、信仰、价值观念和生活方式。每种文化都独具特色，独特的传统、思维方式和表达形式体现了不同群体的独特经验和智慧。文化是人们共同的精神家园，它承载着人们对生活的认知和理解，反映着他们对美、善和真理的追求。

这种多样性为人类社会带来了丰富性和创造力。世界上的文化多样性为人们提供了一个广阔的视野和理解世界的框架。不同的文化之间通过交流和互动，能够相互启发和补充，促进艺术、科学、哲学和技术等领域的创新与进步。文化交流还可以拓宽人们的思维方式、观念与视角，促进对他人和世界的尊重、理解和包容。多样性也是不同文化之间建立对话和互鉴的基础，促进社会的和谐发展。

因此，文化的多样性和差异性是人类社会的宝贵财富。它丰富了人类的生活经验和文化内涵，促进了人类社会的发展和进步。要保护和尊重不同文化的多样性，广泛开展文化交流与对话，促进文化共融与共享，以实现跨文化的相互理解与和谐共处。只有通过尊重和传承文化的多样性，人类社会才能实现可持续发展，世界才会和平与繁荣。

5. 引导和约束

文化对个体和集体的行为起引导和约束作用，它为人们提供了一种行为指导和规范，帮助人们理解什么是可接受的、正确的和适宜的行为方式。文化中的价值观和道德准则影响人们的行为选择和社会互动。

首先，文化在人们的成长过程中，形成了一套行为规范和价值观念。家庭、学校和社区等环境中，人们从小接受的文化影响塑造了他们的行为模式和人际关系的处理方式。这些共同的准则和规范清晰地告诉人们如何行事以符合特定的社会期望。

其次，文化通过价值观的传递和强化，塑造了人们的行为方式和道德观念。文化中的价值观体现了人们所认同和追求的最高目标和良好品质，如正直、公正、友善、助人为乐等。这些价值观构成了道德准则，并通过故事和伦理规范等方式传递给后代，对个体和集体的行为起引导和约束作用。

文化在对个体和集体的行为选择和社会互动产生影响的同时，也有一定的限制和约束。作为一种社会规范，文化要求人们按照既定的准则和期望去行动，遵守社会规则和法律，以维护社会秩序和稳定。这些规范和限制在一定程度上保障了社会的正常运行和团结，但也可能对个体的自由和创新产生一定的压抑作用。

6. 创造和表达

文化是人类创造和表达自身思想、情感和经验的方式，是人类社会的核心和灵魂。它通过各种形式和媒介，如语言、艺术、文学、音乐、舞蹈和建筑等，帮助人们表达内心世界和理解周围的世界。

语言是文化的重要组成部分，是人类最基本的沟通工具。通过语言，人们可以交流思想、传递信息、表达情感和分享经验。不同的语言反映了不同文化背景和价值观念，充满丰富的表达方式和意义。语言不仅是交流的工具，更是人类思维和文化认知的载体。

艺术是文化创造和表达的重要形式之一。绘画、雕塑、音乐、舞蹈、戏剧等艺术形式通过独特的视觉、听觉和动作语言，将思想、情感和经验转化为具体的形式和体验。艺术是一种突破常规和创造力的表达方式，能够触发人们的想象力和审美感受，产生深刻的体验和共鸣。

文学是文化创造和表达的另一个重要领域。文学作品通过文字和故事的编织，可以深入探讨人类的内心世界、生存意义和社会问题。文学作品创造了丰富的虚构世界和角色，为读者提供了认识和理解世界的新视角和思考方式。文学作品不仅是个体创造和表达的产物，也是整个社会和文化的反映和积淀。

音乐和舞蹈是文化创造和表达的非语言形式。声音和节奏可以唤起人们的情感和感受，达到超越语言和文化边界的沟通。舞蹈则借助身体的动作和姿态，以独特的表达方式展示人们的情感和体验。音乐和舞蹈是跨越国界和文化的艺术形式，能够引起人们普遍的共鸣和欣赏。

二、文化的结构

文化的结构包括内部结构和外部结构。在内部结构中，文化由多个要素构成，包括符号、价值观、规范和物质文化。在外部结构中，文化以文化层和文化区域的形式存在。

（一）文化的构成要素

1. 符号

符号是文化传递和表达的基本单位，它具有重要的意义和功能。符号可以是语言中的词汇、文字和语法规则，也可以是各种艺术形式中使用的色彩、形状和声音等。通过具体的形式和意义，符号能够传递信息、沟通思想，并成为人们理解和共享文化的工具。

在语言中，符号是用来表示特定概念、事物或抽象意义的词汇和文字。语言中的符号具有明确的含义并遵循语法规则。通过使用符号，人们能够进行交流和沟通，传递自己的思想、情感和经验。不同语言的符号系统存在差异，反映了不同文化之间的思维方式和价值观念。

除了语言中的符号，艺术也运用了各种符号来表达和传递意义。绘画、雕塑、音乐、舞蹈和戏剧等艺术形式通过使用色彩、形状和声音等符号，创造出独特的艺术形象和体验。这些符号通过视觉、听觉和动作语言，触发观众的感知和情感，传达作者的意图和情感。艺术作品中的符号常常具有多重含义，引发观众的联想和思考。

符号的使用不仅局限于语言和艺术领域，它在日常生活中也起重要作用。社会习俗、礼仪和象征物等都包含符号的使用。例如，各种礼仪和仪式中的行为动作和物品都有特定的意义和象征。人们通过使用这些符号，能够表达对他人的尊重、敬意和喜爱。

需要强调的是，符号的意义和解读通常依赖特定的文化背景和共享的理解。不同文化中对于符号的解读可能存在差异，同一符号在不同文化中可能具有不同的意义。这也说明符号是文化传递和表达的基本单位，它不能被孤立地理解，而应该与特定文化背景和语境相结合。

2. 价值观

价值观是人们对于什么是好的、什么是正确的、什么是有意义的等方面的信念和理念，是人类思维和文化的核心。它涉及人们对于生活目标、道德准则和社会行为的评判标准，影响人们的思想、情感和行为。

价值观在文化中扮演重要角色，它是文化认知和行动的基础。不同文化对于价值观的重视和强调可能存在差异，体现了不同群体的思维方式和生活态度。例如，一些文化注重集体主义和家庭价值观，强调个体与群体的关系和责任；而另一些文化则更加注重个人自由和独立精神，强调个体的权利和追求。这些差异反映了不同文化对于人际关系、社会秩序和个体发展的态度。

价值观的形成和传递受到多种因素的影响。其一，家庭和社会环境是人们初步接触和内化价值观的重要载体。在家庭中，长辈通过言传身教来传递价值观。在社会中，法律、教育和媒体等机构也起着推动和引导价值观的作用。其二，文化传统也对人们价值观的形成和传承产生重要影响。它们代表历史和文化的积淀，为人们提供了道德准则和生活价值的指引。其三，个体的经历、教育和个人性格也会对价值观的形成产生影响。每个人都有不同的背景和经历，这些因素会塑造他们个人的价值取向和行为倾向。

价值观的存在和作用不仅是理论层面的问题，它对于个体和社会都具有重大意义。其一，价值观对于个体的行为和选择起指导和约束作用。它们帮助人们建立自己的生活目标和道德准则，使个体能够意识到自己的责任和义务。其二，价值观对于社会的发展和稳定起重要作用。共享的价值观可以形成社会共识，调节社会成员之间的关系，维护社会秩序。

尽管不同文化和个体之间存在差异，但价值观的多样性和相互交融反映了人类文化的丰富性和进步性。在全球化和文化多元化背景下，理解和尊重不同价值观的存在，促进不同文化之间的对话和相互学习，是推动社会和谐与进步的重要途径。同时，也需要注意避免极端主义和文化冲突，鼓励建立包容的和平衡发展的价值观体系。

3. 规范

规范是社会对于个体行为的期望和约束，它在社会生活中起重要作用。规范指导人们在特定情境下应该如何行动和与人相处，帮助人们建立正确的行为准则，维护社会秩序和稳定。

规范可以分为明确的法律和制度规范以及隐含的社会习俗和礼仪规范，用于指导人们的行为和界定责任和义务。法律和制度具有强制性和明确性，依赖法律手段进行监督和执行，约束个体在各个社会领域的行为。

除了法律和制度规范外，社会习俗和礼仪规范也在人们的日常交往和行为中发挥重要作用。这些规范是在长期的社会实践中形成的一种默契和共识，反映了社会对于适宜行为的普遍认同和期待。社会习俗和礼仪规范涵盖了各个领域，如家庭、教育、婚姻、丧葬等，指导人们的行为方式、言语举止和态度观念。

人们通过规范获得了对社会行为的指引，使得社会能够有序运行并维持社会稳定。规范的存在使得人们能够根据社会价值观念认同的行为标准来识别并纠正不当行为，调整个体利益与集体利益之间的平衡。规范也为人们提供了一种共同信仰和共同行动的基础，促进了社会的团结和凝聚力。

规范的作用并不仅限于个体行为层面，它对于社会的功能和发展也产生重要影响。规范的存在使得社会能够建立起信任和合作的基础，推动社会协同和共同进步。只有通过共享的规范，人们才能在社会生活中相互理解、相互配合并形成共同的目标和价值观。规范还可以促进社会的创新和适应性，因为它们通过规定行为标准和道德准则来规范个体行为，维护社会的公平和正义。

需要强调的是，规范的形成和变迁是一个动态的过程，受到各种因素的影响。规范既受到传统文化、历史背景和价值观念的影响，也受到社会发展、科技进步和全球化的挑战和冲击。在文化多元化的社会中，如何处理不同文化之间的规范差异和碰撞，如何建立适应新时代要求的规范体系，成为摆在我们面前的一道难题。

4. 物质文化

物质文化是通过物质产品和技术的创造和使用而表现出来的文化形式。它涵盖了众多方面，包括建筑、工艺品、服饰、食物和工具等物质产品，以及相关的技术、生产方式和经济活动。物质文化不仅反映了人们对于物质生活的需要和欲望，也是人类对于世界的改造和塑造的体现。

首先，物质文化中的建筑展示了人类对于生活环境的需求和追求。建筑是人们对于居住空间的创造和设计，既满足了人的基本居住需求，又承载着社会、文化和历史的意义。不同时期的建筑风格和构造技术都反映了当时的价值观念、审美标准和社会结构。建筑的物质形式和功能体现了人类对于生存环境的适应力和创造力。

其次，物质文化中的工艺品反映了人类对于审美和艺术的追求。工艺品是人们利用材料和技术制作的艺术品，包括陶瓷、木雕、织物等。它们体现了人们对于美的理解和表达，同时具有实用性和装饰性。工艺品不仅传承了传统文化和技艺，还展示了不同地区和不同文化群体的独特风格和创造力，丰富了人们的精神和生活。

再次，物质文化中的服饰是人们对于身体装饰和文化身份的表达。服饰包括衣物、饰品等，它反映不同文化群体和时代的审美观念和社会地位。服饰在人类的日常生活和社交活动中扮演重要角色，它们多样的样式和设计体现了人们对于个性和社会认同的需求。

最后，物质文化中的食物是人们满足生理需求和文化交流的重要载体。食物的选择、烹饪和享用体现了人们对于味觉、营养和社交的关注。不同地区和不同文化群体有各自的特色和饮食习惯，反映了人们对于环境和自然资源的利用和创造。

物质文化还与相关的技术、生产方式和经济活动密切相关。技术的发展和创新推动了物质产品的制造和使用方式的变革，使之不断满足人们的需求和欲望。不同的生产方式和经济模式对于物质文化的生成和传播起重要作用，因为它们决定了资源的分配和利用，以及物质产品的供给和消费。

（二）文化的外部结构

1. 文化层

文化层是指文化在时间和空间维度上的不同层次和发展阶段。随着历史的演进和社会的变迁，不同的历史时期和社会阶段会呈现出不同的文化特征和风貌。文化层有助于人们更好地理解和把握不同时代和社会的文化现象和变迁。

文化层在时间维度上分为不同的历史时期。每个历史时期都有其独特的文化特征和内涵，反映了当时社会、政治、经济和思想等方面的特点。例如，古代文化层强调封建礼教、家族传统，农耕社会重视传统价值观念和道德规范；现代文化层则强调科学理性、个人主义，在工业化和城市化过程中出现了新的文化现象和价值观念。

文化层在空间维度上分为不同的地域和社会阶段。每个地域和社会阶段都有其独特的文化面貌和表现形式，反映了当地的地理环境、社会组织和历史传统等因素。例如，东方文化层强调和谐共生、尊师重道和家族观念，在亚洲地区形成了独特的文化现象和思维方式；西方文化层则强调个人权利、竞争意识和现代理性，在欧美地区形成了现代化的文化特征和社会结构。

文化层的存在和变迁对于人类社会的发展具有重要意义。首先，文化层反映了人类社会的历史进程和演变过程。对不同文化层的研究，可以使我们了解人类社会在不同时期和不同地区的文化脉络和发展轨迹，为研究人类社会的演进提供了重要线索。

其次，文化层使得人们能够理解和解读不同时代和社会的文化现象和变迁。不同文化层的出现和转变，导致不同的价值观念、行为模式和思维方式等的变化。我们通过研究文化层，可以深入探讨文化的内在逻辑和规律，并理解人们对于文化现象的理解和解释。

最后，文化层也反映了人类社会对于文化遗产的保护和延续的努力。每个文化层都承载着丰富的文化遗产和智慧，是人类社会发展的重要财富。我们保护和弘扬人类的文化传统和精神价值，可以促进文化的多样性和创新。

需要注意的是，文化层的划分并非静态的，而是动态变化的。随着社会进步和全球化趋势，不同文化层之间可能会交融，产生新的文化特征和发展方向。因此，研究文化层需要关注其演化和变迁的过程，以便更好地把握和理解当代社会的文化形态和动态。

2. 文化区域

文化区域是指地理环境和人类聚居地对文化形成和演变产生的影响。地理环境和气候条件会直接影响人们的生活方式、经济形态和社会组织，从而塑造了不同地区的文化特点和风俗习惯。同时，民族文化也是文化区域形成和演变的重要因素。不同民族有独特的历史、语言和价值观念，这些因素都会在特定地区形成独特的文化区域。

第一，地理环境和气候条件对于文化区域的形成和发展起重要作用。不同地区的自然环境和气候差异使人们在生存、生产和社会行为上采取不同的策略和方式。例如，山区的居民常常依靠农耕为生，他们的文化习俗与农地、牧场和自然环境紧密相关；草原地区的游牧民族则以放牧为主，他们的文化特点体现在牛羊的驯养、帐篷的搭建和传统的民族服饰等方面。地理环境和气候条件对资源的可利用性和获取方式也有影响，进而影响人们的社会经济结构和生活方式。

第二，民族文化也是文化区域形成和演变的重要因素之一。每个民族都有自己独特的历史、语言、宗教和价值观念。不同民族的文化传统和习俗在特定地区得到持续传承和发展，形成了独特的文化特色和风格。例如，在中国的广东地区，粤语是主要的语言，岭南文化和珠江文化传统深厚。民族文化对于地区的语言使用、节日庆典和艺术表达等方面都产生了影响，形成了不同地区的文化差异。

第三，文化区域的存在体现了地方文化的多样性和特色。不同地区的人们通过谱写民歌、编织传统工艺品、制造特色美食等方式表达自己的文化。这些地方文化形成了各自独特的文化景观和风貌，展示了地方居民的智慧和创造力。文化区域的存在也推动了文化之间的交流和相互影响。人们通过贸易、迁徙、旅游等途径，将自己的文化带入其他地区，并接受和融合其他地区文化的影响。这种文化的交流和交融促进了文化的多样性和创新，丰富了人类文明的内涵和表达。

第二节　传承的概念与机制

一、传承的内涵与机制解析

（一）传承的内在意义

传承是一代人将文化传递给下一代的过程，包括知识、技能、价值观和传统实践等的传递和延续。它具有重要的内在意义，体现在保留文化的连续性、保持文化的根基不变以及适应社会变迁和发展的需要上。

1. 保留文化的连续性

保留文化的连续性是为了将过去的文化传递给下一代，使其不断延续和发展。文化是一个民族、社群或地域独特的精神财富和思维方式的集合体。它包含特定的知识、价值观念、信仰和习俗等元素，反映了人们对世界的理解和对生活的态度。

保留文化的连续性意义在于为当代社会提供稳定的文化支撑。文化是社会共同认同的基础，是社会生活的重要组成部分。将文化传承给后代，可以确保文化在当代社会中发挥作用并为社会成员提供指导和参考。文化的连续性使人们能够了解自己所处的文化背景和历史传统，从而更好地理解自己和他人，形成文化认同感和归属感。

传承使得文化能够在时间轴上延续，不会因为时代的变迁而失去根基。文化的延续有助于社会的稳定和发展。人们传递和积累文化智慧和经验，为解决当代社会面临的问题提供参考和借鉴。文化的连续性也可以为当代社会提供创造性的思维和行动框架，促进社会进步和发展。

2. 保持根基的连续性

保持根基的连续性是传承中一个重要方面，它涉及文化的核心价值观和传统习俗的保持不变。这些根基性的元素是一个社群或民族的文化认同和特色的基础。根基性的连续性保证了文化在日常生活中继续保持传统的行为和思维方式。人们持续弘扬和继承文化的特点和传统，可以保持文化在社会生活中的重要地位。

首先，保持根基的连续性有助于保护文化的核心价值观和传统习俗。这些价值观和习俗是一个社群或民族共同的信仰和规范，反映了他们所重视的道德、伦理、社会关系等方面的价值。人们将这些核心价值观和传统习俗传递给后代，确保它们得以保持不变，从而形成稳定的社会文化基础。

其次，保持根基的连续性能够让人们在日常生活中继续保持文化的传统行为和思维方式。传统行为和思维方式是文化的具体体现，它们反映了过去经验的积累和集体智慧的传承。人们继续进行传统的礼仪、习俗、节日庆祝等活动，将文化的传统行为模式传承下来。同时，文化传承还有助于人们保持文化的思维方式，这种思维方式能够指导人们的判断、决策和行为，使人们形成对世界的独特认知。

最后，保持根基的连续性也有助于社会的稳定和文化自觉的形成。文化作为社会秩序和认同的基石，其连续性为社会提供了一种稳定性和凝聚力。文化传承的过程中，人们能够通过参与和实践，感受到自身与文化的联系和归属感，从而形成对文化的自觉和认同。同时，根基性的连续性也有助于维护社会的稳定，因为它提供了社会公共道德和行为规范的参考，促进了社群的和谐发展。

3. 适应社会变迁和发展的需要

适应社会变迁和发展的需要是文化传承的重要目标之一。社会不断变化，科技进步、城市化进程等都对文化产生了深远影响，而传承作为一种保留和传递文化的方式，可以使文化不断融入新的社会环境，适应社会发展。

（1）传承有助于文化的创新和发展

人们通过文化传承，可以重新诠释和解读传统文化，将其与现代社会相结合，形成新的理念和价值观。在这个过程中，人们可以从传统文化中汲取灵感，进行创新和改革，创造出适应当代社会需求的新文化形态和实践模式。传承也可以促进各个领域的艺术和文化创作的发展，为文化注入新的活力和意义。

（2）传承可以使文化适应新的时代需求

社会的发展带来了新的挑战和需求，传承可以帮助文化与时俱进，适应新的社会环境。人们通过文化传承，可以重新审视传统文化的核心价值，探索如何将其与当代社会问题相结合，提供新的思考和解决方案。例如，在传统医学的传承中，我们可以将古老的医学知识应用于现代医疗领域，结合现代科技手段，推动医学的发展和进步。

传承过程中的重新诠释、传统的演绎以及文化符号的重新定义，为文化的发展注入新的活力和意义。人们可以通过对传统文化的再思考和重新解读，将其与当代社会的价值体系相融合，赋予其新的意义和功能。传承可以使文化符号得到更新和拓展，赋予其更广泛的文化内涵，适应多样化的社会需求。这种重新定义文化符号的过程，不仅丰富了文化的表达方式，还为文化的传播和交流创造了新的机遇。

（二）传承的机制

1. 教育体系

教育体系是社会中非常重要的一部分，我们通过学校教育、家庭教育和社区教育等教育体系的多个层面，将文化知识和价值观念传递给下一代。教育能够促进知识的积累和传播，培养新一代的能力和素养，使其成为文化传承的继承者。

（1）学校教育

学校通过系统性和全面性的教育活动，向学生传授各个领域的知识和技能，以培养学生的综合素质。在学校中，学生们可以接触广泛的学科内容，包括语言、数学、科学、社会科学、艺术等，这些知识有助于拓宽他们的视野和增强他们的思维能力。此外，学校还注重培养学生的审美能力、体育锻炼、社交技巧等，以全面提升学生的素质和能力，使他们成为具有文化传承意识和创新意识的继承者。

（2）家庭教育

家庭是孩子成长的第一课堂，父母是孩子最早的老师。家庭教育不仅传授基本生活技能和道德伦理观念，还通过日常生活和家庭环境的塑造，培养孩子的价值观念和文化认同。家庭教育注重情感交流、家规家训的传承，通过家庭的温暖和关怀，培养孩子的自信心和责任感，使他们能够积极参与社会生活，并成为文化传承的推动力量。

（3）社区教育

社区教育是指通过社会资源和社区组织提供的教育活动，满足当地居民的学习和培训需求。社区教育提供了丰富多样的课程和活动，包括文化艺术、体育健身、职业技能培训等，旨在提升居民的综合素质和适应社会变化的能力。社区教育不仅促进了居民的个人发展，还在社会层面促进了文化传承和社会凝聚力的形成。

2. 社会化过程

社会化是一个涉及社会交往和互动的过程，它通过家庭、社区、朋友和文化团体等环境的影响，传递文化的价值观念、行为规范和社会认同感。在社会化的过程中，个体通过模仿和参与社会实践，逐渐接受和内化文化的内涵和特点。

（1）家庭

在家庭中，父母和其他家庭成员是最早的社会化代理人，他们通过言传身教和亲身示范，向孩子们传递家庭的价值观念和行为规范。家庭成员之间的互动和交流，以及家庭中的家规家训，都对孩子们的社会化产生重要影响。孩子们通过模仿家长的行为和参与家庭活动，逐渐接受和习得家庭文化，并在成长过程中形成自己的身份认同感和归属感。

（2）社区

社区是一个更广泛的社会化环境，社区组织活动，使人们有机会与不同背景和经历的人进行交流和互动，个体能够认识到社会的多样性和差异性，从而形成更加开放和包容的态度。此外，社区还提供了社交支持和资源互助的网络，帮助个体更好地适应社会环境。

（3）朋友关系

朋友是同伴之间的互动和交往关系，个体与朋友们的互动，能够分享经验、学习他人的观点和价值观，相互影响并逐渐形成自己的认知模式和行为准则。个体还能够获得友谊、合作和相互支持的体验，培养情感智力和社交技能。

（4）文化团体

文化团体包括艺术团体、学校等。文化团体通过特定的文化活动和传统习俗，传递文化的价值观念和行为规范。个体通过参与文化团体的活动，接触和感知不同的文化符号和象征，进一步理解并内化文化的精神和特征，增强对文化的认同感和归属感。

3. 媒体

媒体作为信息传播的渠道，在社会中起到桥梁和纽带的作用。它通过各种形式的传媒工具，如新闻、电影、音乐、文化节目等，向广大受众传递文化的知识和表达方式，丰富人们的审美和文化体验，促进文化的传播和交流。

（1）新闻报道

新闻媒体在社会中扮演重要角色，通过报道各类新闻事件和社会现象，让人们了解来自世界各地的不同文化、不同观念和不同生活方式。新闻媒体还能向人们传递文化的普遍价值观，如环境保护、社会正能量等，为社会的进步和发展提供指导。

（2）电影制作

电影作为一种艺术形式，能够通过故事情节、视觉效果、音乐等多种元素，给观众带来深刻的文化体验。电影能够反映当代社会问题和历史事件，并借助剧情和人物形象来传递特定的文化价值观念和审美观点。人们通过观看电影，能够体验不同文化背景下的情感表达方式，拓宽视野，加深对文化多样性的理解和认识。

（3）音乐

音乐作为一种艺术形式，具有独特的语言，能够通过旋律、歌词等方式传递文化的情感和观念。音乐不仅能够传达文化的特定意义，还能够成为民族情感和身份认同的象征。不同类型的音乐能够反映不同文化背景下的价值观念和生活方式。人们通过欣赏和参与音乐活动，能够感受到文化的魅力和力量。

（4）文化节目

文化节目通过展示传统文化、文化符号和庆祝活动等方式，传递文化的魅力和丰富性。文化节目能够让人们了解不同文化的习俗和传统，增进人们对其他文化的尊重和理解，促进文化的交流和融合。

4. 其他机制

其他机制包括政策法规、文化机构和社会组织的参与。政府制定相关政策和法规，引导和保护文化传承工作；文化机构如博物馆、图书馆、剧院等提供文化资源和活动；社会组织如非政府组织和志愿者组织通过各种形式参与到文化传承与保护的工作中。

二、传承在文化中的角色

传承在文化中扮演着重要角色，既构建了文化认同，又与创新形成相互促进的关系。

（一）传承与文化认同

1. 传承是构建文化认同的核心机制

传承涉及将文化价值、知识和惯例从一个代际传递给下一代的过程。通过传承，个体在文化中产生归属感，形成自己的文化身份。传承起到了维护和强化文化认同的关键作用，是构建文化认同的核心机制。

家庭作为传承文化的基本单元，在培养个体的文化认同方面起重要作用。家庭传递着家族的价值观念和行为规范。家庭成员之间的互动和交流，以及家庭中的家规家训，对孩子们的社会化和文化认同产生深远影响。家庭成员通过亲密的关系和亲情的力量，使孩子们在文化传承的过程中产生归属感，并逐渐形成自己的文化身份。

除了家庭外，社区也扮演着重要角色。社区是人们共同生活和与人交流的地方，个体参与社区的活动和组织，有机会与不同背景和经历的人们进行交流和互动。社区提供了各种社交机会，使个体能够认识到社会的多样性和差异性，从而形成更加开放和包容的态度。社区也是传递文化认同的重要场所，通过参与社区活动，个体能够产生归属感，并与其他社区成员分享文化价值观念和规范。

此外，教育系统也扮演着重要角色。学校作为知识传授和社会化的重要场所，通过课堂教学和课外活动，向学生传递文化的价值观念和规范。通过学校教育，个体不仅能够获得理论知识和实用技能，还能够接触不同的文化知识和艺术表达方式，进一步加深对自己文化身份的认同。

最后，媒体也对文化认同的形成起到重要作用。媒体作为信息传播的渠道，通过新闻、电影、音乐、文化节目等形式，向广大受众传递文化的知识和表达方式。媒体丰富了人们的审美和文化体验，促进了文化的传播和交流。茶文化，中国非物质文化遗产，通过媒体的宣传和推广，让更多人了解到茶文化的内涵，进而加深对中国的文化身份认同。

2. 传承维护文化多样性

不同地区和群体拥有各自独特的文化传统和习俗，这种文化多样性在世界范围内具有极为重要的价值。文化多样性不仅是人类文化遗产丰富性的体现，也是维护和保护文化生态系统所必需的。

传承在维护文化多样性的过程中发挥关键作用。传承是将传统知识、技能、价值观和习俗代代相传的过程，通过以往的经验和智慧的传递，保护和保存了各地区的文化遗产。它通过将文化的基因融入新一代中，确保了文化的连续性和稳定性。

得益于文化传承，我们能够更好地理解和欣赏不同地区和群体的文化表达方式。每个地区都有其独特的传统技艺、音乐、舞蹈、戏剧、绘画等各种艺术形式，这些形式是特定社会环境和历史背景的凝结和传承。传承使这些文化元素得以保留，从而保护了文化多样性的独特性和独特之美。

此外，传承还起到了促进文化交流和融合的作用。当不同地区和群体之间进行文化传承时，他们之间的文化元素会产生交流和互动，从而推动文化的创新和共同发展。例如，在不同地区的文化传承中，可能会出现融合和交流，形成新的文化现象和表达方式。这种文化交流进一步增强了文化多样性，丰富了人类文化遗产的内容。

传承还能帮助保护和保存濒临消失的文化传统。由于社会发展和全球化的影响，许多地区的传统文化正面临消失的危险。我们可以通过文化传承，努力保护这些文化传统，避免它们被遗忘和消亡。我们通过教育、培训和社区活动，确保年青一代了解、认同并继续传承这些文化传统，为维护文化多样性作出贡献。

3. 传承促进文化整体稳定性

传承在文化整体稳定性中起至关重要的作用。传承是文化传统的延续，通过代际传递保持了文化的连续性。文化通过传承，其核心价值观念、职业技能和传统习俗得以保留和传承，使文化具有持久稳定的特点。

（1）传承通过代际传递将文化的核心价值观念传承给后代

核心价值观念是一个社会共同认可的行为准则和道德规范，它们对于一种文化来说具有重要的指导作用。年长一代通过代际传承能够将核心价值观念传授给下一代，使他们认同和内化这些价值观念，并将其融入自己的日常生活中。例如，在中国文化中，儒家传统价值观念如孝顺、仁爱、诚信等被代代相传，成为中国文化的重要组成部分。

（2）传承保留和传承职业技能

职业技能是文化中重要的生产力和创造力，并直接关系到社会的经济发展。老一代通过代际传递能够将自己的职业技能传授给新一代，从而保证职业技能的传承和持续发展。这样可以确保文化的特定领域或行业的稳定发展，维护社会经济的稳定性。

（3）传承保留和传承传统习俗

传统习俗是文化中重要的行为规范和社交礼仪，它们对于社会秩序和人际关系的稳定起重要的作用。文化中的传统习俗通过代际传递得以保存和传承，形成社会集体的共同认同和互动方式。例如，传统的节日庆祝活动、婚礼仪式、各种信仰等都由上一代传授给下一代，并在社会中得到广泛的认同和遵循。

（二）传承与创新的关系

1. 传承与创新相互促进

传承与创新是相互促进的关系，它们在文化的发展中起重要的作用。传承作为文化的基石，通过将过去的经验、知识和价值观念传递给后代，形成了文化的基础，为创新提供了扎实的内涵。

（1）传承提供了创新的基础

传承将世代相传的经验、知识和技艺传递给后代，使他们在文化的积淀中获得了坚实的基础。这些传统的经验和知识可以作为创新的起点，为创新提供了重要的素材和参考。例如，在传统工艺品制作中，传统的技艺和工艺流程为创新提供了宝贵的资源，新一代可以在传承传统工艺的基础上进行创新，开创出更加富有创意和独特性的作品。

（2）传承为创新注入了思想和精神的源泉

传承将前人的智慧和知识传递给后代，使他们能够继续沿着传统的轨迹进行创新。传承不仅是技术和技能的传承，更是思想和精神的传承。传承的价值观念和道德规范为创新提供了重要指导，使新一代在创新过程中能够保持对传统的尊重和继承，并将其融入创新的实践中。

（3）创新为传承注入了新的活力

创新是指在现有基础上面对新的挑战和需求，不断提出新的思路、方法和解决方案的过程。创新对于传承来说是一种推动力量，它带来了新的观念和模式，为传统文化注入了新的活力和动力。创新使得文化传承不再是机械的复制和传递，而是能够顺应时代的进步和社会的变化，以更加灵活和多样的方式传承文化。例如，在文化艺术领域，创新使得传统的艺术形式能够与现代技术相结合，创造出具有新颖魅力的艺术作品。

传承与创新相互促进，共同推动了文化的发展。文化传承为创新提供了深厚的根基和基础，为创新提供了稳定和可靠的支撑。而创新则为文化传承注入了新的活力和动力。传承和创新的不断交融和交流，丰富了文化的内涵和外延，推动了文化的繁荣和繁盛。

2. 传承激发创新的动力

传承激发创新的动力是一种源自个体对传统文化的理解和接受的动态过程。传承是指将历史积淀下来的知识、技能和价值观传递给后代，确保文化的延续和发展。在这个过程中，个体通过学习和理解传统文化，对其中的局限性和不足进行反思，并尝试改进和创新，将传统文化融入现代社会中。

传承提供了个体探索创新的基础。在传承过程中，个体有机会接触和学习传统的知识和技术，了解传统文化的价值和目标。这些传统知识和技术往往包含丰富的智慧和经验，具有独特的价值和意义。个体通过学习和研究传统文化，可以深入理解其中的内涵和精髓，获得对传统文化的深入认识和把握。这样的理解和把握为个体的创新提供了坚实的基础，激发了个体创新的动力。

传承提供了个体创新的启示。在传承过程中，个体通过与传统文化的互动和对话，可以发现其中的局限和不足。传统文化是以前的时代和社会所形成的，它的思维方式和方法论可能无法完全适应现代社会的需求。个体通过对传统文化的学习和理解，能够发现其中的不足，并通过创新的方法对其进行改进。

传承激发创新的动力还体现在将传统文化融入现代社会中。传统文化是一个社会群体长期积累的宝贵遗产，而将其融入现代社会中，需要个体进行创新和创造。个体通过对传统文化的学习和理解，可以发现传统文化中蕴含的智慧和价值，通过创新的思维和方法，将传统文化与现代社会的需求相结合，从而将其应用于现代生活中。这种将传统文化融入现代社会的创新，既保持了传统文化的独特性和价值，又符合现代社会的需求。

3. 传承与创新的融合推动文化发展

传承是指将历史上积累的传统文化知识、价值观和技术传递给后代，并使其得以延续和发展。而创新则是通过对传统文化的重新理解和演绎，引入新的思维方式、技术手段和艺术表达形式，以适应社会发展和时代需求的过程。当传统与现代相融合，传承与创新相结合时，文化的发展可以得到更大的推动力。

（1）传承与创新的融合使得传统文化焕发新的活力

传统文化作为一种具有独特魅力和智慧的宝藏，通过传承保留了历史的积淀和人类文明的智慧。然而，单纯地固守传统容易使传统文化日渐衰减，失去与现代人的联系和认同。传统文化通过创新可以焕发新的活力。例如，在传统音乐中引入现代乐器和编曲方式，保留了传统音乐的独特特点，同时也吸引了更多年轻听众。

（2）传承与创新的融合带来了文化的提升和拓展

在传承的基础上，文化通过创新得以不断拓展和升华。传统文化的核心价值观念和精神可以通过创新得以更好地传达和表达。创新可以通过各种形式的创造性表达，如艺术作品、文学作品、电影等，将传统文化融入现代生活中，并探索其在现代社会的新意义和新价值。这种文化的提升和拓展丰富了人们的审美体验和社会的文化景观，也促进了个体的审美素养和创造能力的发展。

（3）传承与创新的融合可促进文化的多元融合和跨文化交流

传统文化是各个民族和地区的宝贵财富，其融合与创新可以促进不同文化之间的交流和对话。传统文化通过跨文化的融合，可以与其他文化相互渗透，产生新的艺术形式、观念和实践。这种跨文化交流不仅推动了文化的创新和发展，增进了文化的理解和尊重，还促进了世界文化的多样性和和谐发展。

第三节 文化传承的重要性与意义

一、文化传承对社会的价值

文化传承对社会的价值主要体现在维护社会稳定以及创造力培养两个方面。

（一）社会稳定与文化传承

1. 共同的秩序感

共同的秩序感是社会稳定和文化传承的重要因素。文化传承通过共享的文化价值观和规范，使社会成员形成一种共同的秩序感，从而促进社会的和谐发展。

首先，共同的文化价值观为社会成员提供了共同的目标和行为准则。在社会中，不同个体和群体之间存在各自的意愿和诉求。但是，文化传承使社会成员可以认同并遵循共同的文化价值观，他们能够在实践中追求共同的目标，形成一种共同的秩序感。例如，一个社会普遍承认和推崇勤劳、诚信和尊重他人的价值观，这将使社会成员在工作、生活和社交中形成共同的行为规范和准则，建立和谐的人际关系。

其次，共享的文化规范促进社会成员之间的相互尊重、合作和互助。文化传承通过传递正确的行为模式和社会规范，以及道德和伦理准则，引导和培养社会成员的道德行为。这些共同的文化规范使得社会成员能够相互尊重和理解彼此的权利和责任，增强社会的凝聚力和一致性。社会成员遵循和遵守这些规范，在行为上避免了冲突和矛盾，从而使社会和谐稳定地运行。

最后，共同的秩序感有助于建立公正和可持续的社会制度。当社会成员共享相同的秩序感时，他们更容易接受社会制度和法律法规的约束，遵守制度的正当性和公平性。共同的秩序感使社会成员具有一致的行为期望，并促使他们在社会生活中遵循这些行为期望，从而维护社会的公正和秩序。这进一步加强了社会的稳定性和可持续性，为社会的长期发展创造了良好的条件。

2. 社会认同和凝聚力

社会认同和凝聚力是文化传承对社会的重要价值之一。文化传承通过传递和继承先辈的文化遗产，增强社会成员对自己所属社会群体的认同感和归属感。这种认同感和归属感的增强有助于建立社会中个体与群体之间的联系和凝聚力，在社会发展中起到重要作用。

第一，文化传承可以使社会成员深入体验和理解本土文化的独特魅力。通过传承和继承先辈的文化遗产，个体能够接触传统的艺术、音乐、舞蹈、文学等方面的精华，并深入了解其中所蕴含的价值观、观念和智慧。这种深度的体验和理解使个体能够更好地认同自己所属的社会群体，感受到其文化的独特魅力和丰富性。这种社会认同感有助于个体在社会中找到自己的位置，对社会产生归属感，从而在社会交往和合作中表现出更高的凝聚力和积极性。

第二，社会认同和凝聚力对于社会的稳定至关重要。当个体对自己所属的社会群体产生强烈的认同感时，他们更愿意为社会的利益和发展作出贡献，具有更强的社会责任感和集体意识。此外，社会认同还能够有效减少社会冲突和分裂因素的存在。当社会群体共享相同的文化认同时，他们更容易建立互信和团结的关系，减少了因文化差异造成的误解和冲突。这种社会认同和凝聚力的形成有助于维护社会的稳定和谐，促进社会的长期发展。

第三，社会认同和凝聚力还为社会的发展提供了良好的基础。当个体对自己所属的社会群体有强烈的认同感时，他们更愿意传承和继承该社会的文化传统，为社会的发展提供源源不断的动力。同时，社会认同和凝聚力也为社会成员之间的合作与协调提供重要保障，促进社会资源的共享和协作效率的提高。这种积极的社会认同和凝聚力为社会创新、进步和繁荣提供有力支撑。

3. 传统智慧的引导

传统智慧的引导是文化传承对社会的重要价值之一。文化传承通过将过去的经验和智慧传递给后代，使他们能够借鉴前人的经验和智慧，避免重蹈覆辙。传统智慧中蕴含着对生活、道德、价值观念等方面的深刻思考和总结，它不仅有助于个体在面临困境和抉择时做出明智选择，也为社会的稳定和有序发展提供了重要指导。

（1）传统智慧以其深刻思考和总结为个体提供了宝贵的生活参考

传统文化经过历史的长期积累和沉淀，人们对于生活的各种问题和挑战进行了深入思考和概括。这些智慧包括对人际关系、婚姻家庭、教育、职业发展等方面的经验和教训的总结，为个体在生活中面临的困境和抉择提供了有益的引导。个体借鉴传统智慧能够从前人的经验和教诲中受益，避免走弯路和重蹈覆辙，做出更明智的选择，提升生活的幸福感和质量。

（2）传统智慧对于培养个体的道德和价值观念具有重要作用

在传统文化中，道德和价值观念是人们共同认同的准则和行为规范。这些价值观念蕴含着对于善恶、正义、公平等道德原则的思考和反思，为个体在面临道德和伦理抉择时提供了指引。传统智慧的引导帮助个体明确他们的核心价值观，促使他们在行为上追求正义、公平和道德准则，有助于他们形成良好的行为习惯和品德修养，从而推动社会的稳定和有序发展。

（3）传统智慧还反映出人类智慧和智力成就的集合

在传统智慧中，人们对于自然、宇宙、哲学等方面的深入思考和探索有独到的见解和洞察力。这种智慧既有助于个体对于世界的认知和理解，也为社会的科学、艺术、哲学等方面的发展提供了思维的基石。通过传承和学习传统智慧，个体能够从中汲取灵感和经验，激发创新思维和独立思考的能力，为社会不断进步和持续发展注入新的动力。

（二）文化传承与创造力培养

1. 灵感的汲取

文化传承不仅是将过去的经验和智慧传递给后代，更重要的是培养未来的创造力。通过对传统文化的学习，个体可以不断汲取灵感，并从中获取创新的启示。传统文化蕴含着丰富多样的艺术、哲学、科学等方面的智慧，这些智慧可以激发个体的创造力和想象力，为社会创新提供新的思路和动力。

（1）传统文化中的艺术智慧为个体的创造力提供了源源不断的灵感

传统艺术是人类智慧和文化创造的杰作，通过对音乐、绘画、舞蹈、戏剧等艺术形式的研究和欣赏，个体可以借鉴其中的创作技巧、审美情趣和艺术风格，从而开展自己的创造实践。传统艺术中包含着深厚的文化内涵和独特的艺术语言，它们不仅为个体提供了审美享受，也为个体开拓视野、拓展思维空间，为个体的创造力和想象力提供了滋养和指引。

（2）传统文化中的哲学智慧为个体的创造力注入了思辨的火花

在传统哲学中，人们对于存在、真理、价值等问题进行了深入的思考和探索，提出了各种重要的理论和观点。通过学习传统哲学思想，个体可以培养自己的思辨能力，发展批判性思维和逻辑推理能力。传统哲学的智慧使个体能够反思现实、探索道德和伦理等问题，在创造过程中思索和解决各种难题，从而促进个体的创新和创造力的发展。

（3）传统文化中的科学智慧为个体的创造力注入了科学的精神和方法

传统文化中蕴含着丰富的科学启示，包括对自然、宇宙和人类的认知和理解等方面的探索。个体通过学习传统科学智慧，可以深入理解科学原理和方法，了解科学研究的历史和发展路径，从而培养自己的科学探索能力和创新思维。传统科学智慧的汲取使个体在创造实践中能够运用科学的方法进行问题求解和创新探索，为社会创新提供新的思路和动力。

2. 创新思维的激发

文化传承对于激发个体的创新思维是至关重要的。通过对传统文化的理解和领悟，个体能够发现其中的局限性和不足，并通过创新来加以改进和超越。传统文化中常常蕴含着独特的观念、思维方式和价值取向，这些特点可以拓宽个体的思维边界，培养其独立思考、创新思维和解决问题的能力。

首先，个体发现传统文化的局限性和不足时，可以激发其创新思维。传统文化是一种以往智慧的沉淀，其中所包含的观念和思维方式随着时代的发展会有种种限制。个体通过对传统文化的学习和思考，可以认识到其中存在的一些弊端和缺陷。这种意识的唤醒促使个体开始思考如何突破传统的束缚，为现实和未来的需求提供新的解决方案，从而促进个体创新思维的激发。

其次，传统文化蕴含着丰富多样的观念、思维方式和价值取向，可以为个体提供跳出常规思维的启示。在传统文化中，人们对于人类生活、社会组织、自然现象等方面进行了深入的思考与反思，形成了独特而有价值的观念和思维方式。个体通过学习和领悟传统文化，可以汲取其中蕴含的智慧和创新精神，从而拓宽个体的思维边界，培养出独立思考、创新思维和解决问题的能力。这些观念和思维方式可以激发个体打破固有模式和常规思维，寻找创新的方向和路径。

最后，传统文化中常常蕴含着深厚的艺术创造力，为个体的创新思维提供了灵感和借鉴。传统艺术是文化传承中不可或缺的一部分，其中蕴含着丰富多样的艺术表达和创造方式。个体通过欣赏和学习传统艺术，可以感受其中的创造力和独特性，从中获取启示和灵感，激发自己的艺术创造力和创新思维。艺术创造力的培养有助于个体跳出常规思维、发现新的可能性，并将其运用到现实生活和工作中，从而推动社会的创新和进步。

3. 社会进步的推动

文化传承作为社会创新与进步的动力和源泉，为社会的发展提供了重要的推动力。个体通过传承和继承传统文化，能够站在前人的肩膀上，对传统进行反思和重构，从而推动社会在科技、艺术、哲学等各个领域持续发展与进步。文化传承不仅是将过去的经验和智慧传递给后代，更重要的是培养未来的创造力。通过对传统文化的学习和理解，个体能够从中汲取智慧和启发，为社会创新提供新的思路和动力。

首先，文化传承为社会创新与进步提供了重要的源泉。传统文化是一个社会的精神财富，是几代人智慧的结晶。传统文化中积累的各种知识、价值观和方法论能够为社会的创新提供丰富的资源，为社会发展注入新的活力。无论是在科技领域、艺术领域还是哲学领域，都可以找到传统文化所蕴含的宝贵财富，从中汲取营养，推动社会的进步和发展。

其次，文化传承培养出具备创造性思维和实践能力的人才。学习传统文化不仅是对过去的回顾，更是对当代和未来的投射。个体学习和研究传统文化，能够从中发现问题、思考解决方案，并将其应用于实践中。传统文化所积淀的智慧和知识为个体培养出创造性思维和实践能力，使个体能够在社会中大放异彩，为社会的进步和发展作出贡献。文化传承培养出的具备创造性思维和实践能力的人才将成为社会创新的推动者和引领者，不断推动科技、艺术、哲学等领域的发展和进步。

二、案例分析强调重要性

案例分析在强调文化传承的重要性上具有重要意义。以下铸就中国传统文化的传承和文化传承在少数民族中的作用两个案例进行详细讨论。

（一）中国传统文化的传承

1. 古代文学的传承

中国传统文学的传承对于当代社会具有重要的意义和价值。古代文学作为中国文化的重要组成部分，包括诗、词、戏曲、小说等多种文体，通过对这些古代文学作品的学习和传承，当代社会能够保留丰富的历史记忆，并从中汲取智慧和启示。

首先，古代文学的传承使得珍贵的文化遗产得以传至今日。以《百家姓》《三字经》等经典文学作品为例，这些作品通过代代口诵和书写而被广泛流传至今。这些经典作品不仅体现了古代社会的风貌和价值观，更反映了人们对生命、伦理、社会等方面的思考和认知，也为当代社会保留了丰富的历史记忆，使得我们能够更好地理解和把握过去的智慧和经验。

其次，古代文学作品为当代人们提供了智慧和启示。古代文学是一座智慧的宝库，其中蕴含着丰富的思想和哲理。人们通过对古代文学作品的学习和领悟，能够从中汲取生活的智慧和人生的启示。这些智慧和启示不仅有助于指导个体的行为和生活，也为社会的发展提供了思考的资源。古代文学作品中所表达的人性之美、道德与伦理观念等，对于建设和谐社会、培养公民素质具有积极的意义和影响。

古代文学的传承还能促进人们思考人生的重要课题。古代文学作品常常涉及人生哲学、情感表达、伦理观念等方面的内容，通过对这些作品的研究和领悟，人们能够关注人生的本质和意义，并深入思考自己的行为、价值取向等问题。这种思辨性的思考有助于个体认识自我、厘清思绪、提升思维能力，并从中获得自省和改进的动力。

2. 绘画艺术的传承

中国传统绘画作为东方艺术的瑰宝，其传承贯穿了几千年历史，在当代艺术中具有重要的地位和意义。当代艺术家通过对传统绘画技法和风格的学习和继承，能够将传统的绘画语言与现代审美相结合，创造出风格独特的艺术作品，为当代艺术注入新的活力。

（1）传统绘画展现了中国文化的独特魅力

中国传统绘画以其极富表现力的手法和意境深远的主题，吸引了世界各地民众的关注和赞赏。古代绘画作品中的山水、花鸟、人物等元素不仅展示了中国壮丽的自然风光，还揭示了中国人对于自然、人生和宇宙的理解与解读。这些作品通过线条、色彩和空间的运用，营造出一种诗意的境界，传递出中国文化独特的精神和哲学观念。

（2）传统绘画表达了艺术家的情感和思想

在中国传统绘画中，艺术家的情感和思想常常融入其中。他们通过对自然景色的描绘、人物形象的塑造以及情绪氛围的营造，表达自己对于世界、生命和人性的思考和感悟。传统绘画作品所传递的情感和思想往往超越了时间和空间的界限，触动了观者的内心，使人产生共鸣和反思。

（3）传统绘画的传承对于当代艺术发展具有重要意义

当代艺术家通过对传统绘画技法和风格的学习和继承，能够借鉴传统的美学原则，拓展自己的创作思路，并在传统与现代之间取得平衡。同时，传统绘画的传承还为艺术家提供了一种审美的参照和借鉴，使他们能够更全面地理解和掌握绘画的语言和表现方式，从而创造出与时代相契合的艺术作品。

3. 哲学思想的传承

中国传统哲学思想的传承在当代具有重要的学术价值和实践意义。中国传统哲学是由儒家、道家、墨家等多个学派组成的哲学流派，在中国历史进程中发挥着极为重要的作用。当代学者通过对传统哲学思想的研究和传承，能够从中汲取智慧和启示，为当代社会面临的伦理、社会和政治问题提供新的思考和解决方案。传统哲学思想的传承不仅有助于我们深化对中国传统文化的理解，也为全球哲学领域的互动和交流提供重要基础。

（1）传统哲学思想的传承有助于人们深入理解中国传统文化的精华

中国传统哲学思想涵盖了广泛而深刻的问题，包括人性、伦理、政治、宇宙等方面的思考。儒家强调仁爱；道家主张符合自然的无为而治；墨家关注公平和博爱等。人们通过对这些传统哲学思想的研究和传承，可以更好地理解中国传统文化的核心价值观，以及中国古代社会的思想体系和价值观念，加深对中华民族的认同感和归属感。

（2）传统哲学思想的传承为当代社会提供了新的思考和解决方案

随着社会的发展和变革，当代社会面临着众多的伦理、社会和政治问题。传统哲学思想所蕴含的智慧，为当代学者提供新的思考框架和解决途径。儒家的仁爱、孝道等价值观可以启示当代社会建设中的公共道德和社会和谐；道家“无为而治”的理念可以提供新的治理模式和可持续发展思路；墨家的公平和博爱理念则能指导社会公正和社会福利的构建。这些传统哲学思想的传承，能够为当代社会面临的伦理和社会问题提供新的思路和解决方案，推动社会的进步和发展。

（3）传统哲学思想的传承促进了全球哲学界学者的互动和交流

中国传统哲学作为世界上重要的哲学传统之一，具有独特的文化价值和思想贡献。传统哲学思想的传承不仅让中国学者更深入地研究自身传统，还为全球哲学界学者的互动和交流提供了重要基础。中国传统哲学的智慧和启示，吸引了国际学者的关注和研究，丰富了全球哲学领域的理论和研究成果。不同文化的哲学思想可以相互借鉴和促进，共同推动人类智慧的进步和哲学领域的繁荣。

（二）文化传承在少数民族中的作用

1. 口头传统的传承

口头传统在少数民族社群中扮演着文化传承的重要角色。少数民族通过口头故事、歌曲、舞蹈等形式的传承，能够延续和保留自己独特的历史和文化传统。

首先，口头传统作为一种非书面的文化传承方式，在少数民族社群中具有特殊意义。由于历史原因或语言文化差异等，许多少数民族并没有统一的书写系统或传统的文字记录方式，因此，他们通过口头传统来传承和保存自己的历史、传说、习俗和价值观。这种口头传统的传承方式可以跨越时间和空间的限制，将文化记忆代代相传，确保少数民族文化在不同时期得以延续和发展。

其次，口头传统在维系少数民族的认同感和集体记忆方面发挥重要作用。传承口头传统可以帮助少数民族社群保持对自身历史和文化的认同感，增强群体凝聚力和归属感。人们通过民族故事、民族歌曲和民族舞蹈，能够了解和学习自己民族的传统知识、智慧和经验，从而建立对自己民族身份的继承和认同。口头传统还为少数民族提供了表达个体和集体经历、情感和价值观的平台，促进了群体内部的交流和共享。

最后，口头传统还传递丰富的社会价值观和道德准则。口头传统中包含的故事、谚语、歌曲等文本，常常通过简洁生动的语言和形象，传递社会伦理、道德规范和行为准则。这些价值观和道德准则可以培养少数民族群众对人际关系、自然环境和社会秩序的尊重和关怀，促进社会的和谐稳定和互信关系的建立。

2. 手工艺品的传承

手工艺品的传承对于少数民族社群来说具有重要意义。这些手工艺品常常融入了丰富的文化元素。它们不仅能够传递族群的历史和文化记忆，还具有其他方面的意义，如经济发展和文化旅游产业的兴起。

（1）手工艺品的传承能够传递族群的历史和文化记忆

少数民族的手工艺品通常反映了他们的独特文化、信仰和生活方式。每一个手工艺品背后都有一个故事，它们蕴含着族群的历史、传统技艺和价值观。通过手工制作和传承，这些艺术品成为一种传统的载体，延续了族群的文化遗产。这种传承方式不仅让族群的历史得以延续，也为后代提供了学习和了解自己历史和文化的机会，促进了文化的保护和传承。

（2）手工艺品的传承带动了当地的经济发展

许多少数民族社群依靠手工艺品制作发展自己的经济产业。手工艺品制作需要耐心和技巧，而在手工制作的过程中，往往涉及材料采集、加工、制作和销售等环节，带动了当地劳动力就业和创业机会。同时，随着手工艺品的传承和发展，更多的人开始认可和欣赏这些独特的艺术品，增加其市场需求和商业价值，进一步推动了当地经济的繁荣和发展。

（3）手工艺品的传承带动了文化旅游产业的兴起

少数民族地区因其独特的手工艺品和文化而成为旅游的热门目的地。来自各地的游客可以通过观赏、购买和参与手工艺品的制作体验，了解和欣赏当地少数民族的文化艺术。这种旅游模式为当地居民提供了增加收入和改善生活的机会，并且促进了当地社会经济的发展。同时，通过文化旅游，手工艺品的传承也得到了更广泛的推广和传播，增加了市场需求和商业价值。

3. 传统节日的传承

少数民族传统节日作为文化传承的重要组成部分，在社会发展和文化变迁的背景下扮演关键角色。这些传统节日通过举办庆祝活动，如舞蹈、音乐表演和提供食物等多种形式的活动来传承族群的历史和风俗习惯，丰富当地居民的生活，并吸引各地游客，推动文化旅游的发展。此外，传统节日的传承还为少数民族的身份认同和社会凝聚力的形成提供了重要支撑。

（1）传统节日通过庆祝活动传承了族群的历史和风俗习惯

这些节日往往与族群的起源、迁徙以及宗教信仰等紧密相关。族群成员通过庆祝传统节日，能够了解并继承自己民族的历史、传统技艺和生活方式。例如，某些节日是根据农耕活动的规律而设立，庆祝丰收和感恩，反映了族群的农耕文化习俗。同时，庆祝活动本身也成为一种传统知识的传递和交流方式，使得族群的历史得以延续。

（2）传统节日丰富了当地居民的生活

在传统节日中，人们会穿着传统服饰，参与各种形式的舞蹈、音乐和戏剧表演，品尝传统美食等。这些庆祝活动不仅反映了族群的文化特色和独特魅力，也增强了族群内部成员之间的社交互动和交流。族群成员共同庆祝传统节日、分享和传承文化，增进了人与人之间的联系和感情，加强了族群内部的凝聚力。

（3）传统节日当地的文化旅游产业带来了机遇与动力

由于其丰富多样的文化元素和独特的传统庆祝方式，许多少数民族地区因其传统节日而成为旅游的热门目的地。游客可以通过观赏和体验传统舞蹈、音乐以及当地特色的庆祝活动，深入了解当地民族的文化和生活方式。这种文化旅游模式为当地居民提供了增加收入和改善生活的机会，并且促进了当地经济的发展。同时，透过文化旅游的推广，传统节日的庆祝和文化传承也得到了更广泛的传播和认可。

第四节　国际上的文化传承案例研究

一、国际层面的典型文化传承案例

（一）意大利的古代手工艺品传承

在意大利，古代手工艺品传承是一项重要的文化遗产。制衣、皮具、铸钟、制琴……在意大利各地，人们能看到一些有百年历史的手工艺品店。工业化的不断发展，对传统手工艺的存续带来挑战。从政府到行业联盟，从企业、学校到民间，意大利多方发力，使传统的“意大利制造”不断延续发展，继续保持生机和活力。

1. 提供财政、劳务、商业推广等诸多服务

意大利政府在保护和促进传统手工艺发展方面提供了多项财政、劳务和商业推广等服务。在威尼斯穆拉诺岛，自公元 10 世纪以来玻璃手工艺就有记载，至今岛上仍然保留着许多玻璃工坊。当地政府把掌握传统玻璃工艺的工匠视为“重点保护对象”，对当地玻璃工坊进行税费减免，以保护这项手工技艺。

此外，意大利政府将手工艺视为“国粹”，在罗马成立了手工业联盟，为各个行业的传统手工艺发展传承提供支持。例如，在中北部城市普拉托，当地手工业联盟协助政府部门共同商定对手工艺企业的保护政策，帮助它们维权，并为其提供财政、劳务、商业推广等服务。此外，意大利政府还常年联合博物馆、行业协会等机构举办各类手工艺品展览，促进手工艺企业对意大利国内外市场的开拓和发展。为支持手工艺发展，意大利为从业者制定了多项财政保护政策，包括设立专项补助基金，为国家认定的大师级工匠提供退休后领取特殊津贴的待遇。

根据各地情况，意大利政府还针对手工艺企业设立不同标准的减税或免税优惠，例如在罗马所在的拉齐奥大区，对手工艺企业的产品只收 10% 的增值税，比一般企业产品所征税费少了 11 个百分点。这些财政支持和减税措施解决了手工艺从业者的经济问题，鼓励了青年人在手工艺领域创业，并促进了地方旅游的发展。意大利政府的积极支持使得手工艺能够在国内保持生机，并产生了综合效益，弥补了税收减免所造成的损失。因此，政府的财政、劳务和商业推广等多项服务为传统手工艺的传承和发展提供了有力支持。

2. 推广“一镇一艺”的特色小镇模式

在意大利中部莫利塞大区的阿尼奥内小镇，铸钟手艺是一大特色。年过六旬的帕斯夸莱·马里内利正在为钟体雕刻精美的花纹图案。他骄傲地表示，“我的家族从公元1000年起就开始铸钟，我是第二十六代铸钟人。”阿尼奥内的铸钟历史可以追溯到中世纪。镇上有很多传承数代的工匠，至今仍沿用中世纪的铸钟方法。

马里内利说，“根据时钟直径的大小，报时的音色各不相同。学习铸钟前我们要充分了解时钟参数、通晓音律。不论在世界任何地方，我们都能立刻识别出家乡出品的时钟，因为它们拥有特别的声音。”

意大利约有一半人口居住在规模不足20万人口的小城镇，这些小城镇拥有不亚于大城市的发展活力。意大利各地政府因地制宜，推广“一镇一艺”这种以传统手工艺为核心标签的特色小镇模式，如被称为“羊毛纺织机”的桑迪利亚诺、“珠宝之城”的维琴察，以及皮具及古代鞍具制作工艺的传承地卡斯特迪特等。

在助力保护各类手工艺的同时，“一镇一艺”鼓励小镇将旅游业和当地特色手工艺相结合。在“提琴之乡”克雷蒙纳，几百年来，镇上几个代表家族的制琴师代代相传，严格按照古法手工制作小提琴。镇上开设了数家博物馆展示不同年代的提琴藏品，向游客介绍小镇制琴的历史文化和传统工艺。一些博物馆开设虚拟音乐厅，运用电子模拟设备，为游客和制琴师提供不同年代、不同种类提琴音色的视听体验。

近年来，克雷蒙纳还发起了有“提琴制作届奥运会”之称的斯特拉底瓦里国际提琴制作比赛。比赛以该镇三大制琴家族之一——斯特拉底瓦里的名字命名，每三年举行一次，为来自世界各地的工匠提供手工提琴作品的展示机会。此外，小镇每年秋季还举办制琴节、手工市集、手工艺品展销会等活动，吸引各国游客，使克雷蒙纳“提琴之乡”的形象深入人心。“一镇一艺”促进了同类型手工艺小镇形成集群化效应。目前，意大利各地形成了纺织品、家具、皮鞋与皮革制品、首饰与金属制品等手工业集群地。意大利手工业联盟主席丹尼尔·瓦卡里诺认为，“‘一镇一艺’模式的发展，让各小镇的手工艺特色优势得以强化”。

3. 开办学校培育人才保持竞争优势

为了保持竞争优势，许多企业在意大利纷纷开办学校来培育工匠人才。以那不勒斯的高档男装品牌基顿为例，自2000年起，他们开设了裁缝学校。这所学校秉承“小而精”的原则，每年只招收约10名学生。学生从基本的缝纫技巧开始学习，了解不同服装板型，并学习成衣结构搭建。学成后，很多学生被分配到基顿在世界各地的分店工作。

随着时代的变化，意大利面临着工匠数量不断减少的困境。据统计，仅仅在服装产业中，全国高级裁缝的数量已经从 20 世纪 50 年代的 400 万人减少到目前不足 70 万人。其中，编织、刺绣等品类的手工艺更是处于“濒危”状态。这一变化让伯莱里深感遗憾，他对裁缝这个职业充满感情，不希望后继无人。

为了拯救这项引以为傲的手工艺，许多企业纷纷开办学校来培养工匠人才。1985 年，男装奢侈品牌布里奥尼开设了裁缝学校。该学校采取四年学制，每周有 40 个小时的课程。前三年是课堂学习，最后一年学生要进行裁缝实践。安吉洛·彼得鲁奇就是该学校的首批学生，如今他已成为该品牌的首席裁缝大师。多年来，该学校培养出了大量的裁缝人才，为意大利男装市场作出了巨大贡献。

与此同时，一些职业学校与企业或经验丰富的手工艺工匠合作，采取学徒制的二元教育体系。为了吸引更多年轻人，有的职业学校还将高等教育学位引入学徒制教育。例如，克雷蒙纳提琴制作学校采取理论知识与制琴工艺相结合的课程设计，为毕业学生颁发学士至博士的学位。该学校聘请当地国宝级大师传授制琴技艺，过半数的学生毕业后都留在小镇从事制琴行业。这种家族传承与学校教育相结合的工匠传承体系为意大利培养大批手工艺人才提供了有力支持。瓦卡里诺表示，未来意大利将继续致力于手工艺的传播和复兴，弘扬其文化艺术内涵。

由此可以看出，开办学校来培育工匠人才是保持竞争优势的重要举措。学校培养年轻人学习并传承传统手工艺，为意大利的手工艺发展注入新的活力。企业与职业学校、经验丰富的工匠合作，采取学徒制的教育体系，进一步增加了培养工匠人才的机会。意大利通过这些努力，能够保持其手工艺的竞争优势，并不断弘扬其文化艺术内涵。

（二）希腊的口头传统文学传承

希腊拥有丰富的口头传统文学，如史诗诗歌和寓言故事。这些文学作品通过口头传承的方式代代相传，形成了独特而丰富的文学传统。这种传承方式强调社区的参与和个体的体验，使文学传统更具生命力和亲密感。

希腊文化灿烂多姿，奇葩频出，对整个西方文化的发展产生了深远影响。尤其是希腊的神话传说，对于文学和艺术方面的发展至关重要。神话多是人们借助丰富的想象力来诠释周围发生的事物，借助美丽的神话传说寄托自己的理想。而神话传说包含绘画、艺术、文学等各个方面，可见，希腊的神话对西方文化的发展影响深远。

1. 古希腊——世界文明古国

（1）“希腊化”时代来之不易

在地中海东部地区，这片土地上孕育了丰富多彩的文化，其中最杰出的是爱琴文明。爱琴文明是古希腊社会最早的文明，经历了青铜时代、黑暗时期和希波战争之后，希腊取得了一定的胜利。

在此之后，雅典成为希腊的霸主，并经历了一系列战争。公元前 4 世纪下半叶，亚历山大大帝东征结束后，希腊进入了一个新的时代——“希腊化”时代。

“希腊化”时代的到来不是一帆风顺的，而是来之不易的。首先，希腊化时代的到来是通过一系列战争实现的。亚历山大大帝的东征使希腊文化传播到更广阔的地域，但这一过程并非一帆风顺。亚历山大扩张的同时也面临着许多困难和挑战，需要克服各种阻力。

其次，在意识形态方面，希腊化时代需要克服各种文化冲突和融合。希腊化并不是简单地将希腊文化强加于他国，而是在各种文化交流和相互影响的基础上逐渐形成的。这需要各方面的努力和妥协，使文化的融合变得更加深入和广泛。

最后，希腊化时代需要解决一系列政治、经济和社会问题。希腊文化的传播与各国政权的控制、贸易和经济发展密切相关。同时，它也涉及社会结构和价值观念等方面的调整和变迁。

尽管希腊化时代的到来并不容易，但希腊人通过艰苦的努力和持续的奋斗，成功地推动了希腊文化的传播和发展。这一时期的兴起为希腊和整个地中海地区带来了巨大的变革和影响。

因此，我们必须意识到“希腊化”时代的来临是来之不易的，是希腊人智慧和努力的结果。它标志着希腊文化的辉煌时期，为后世的文明提供了重要的基础和借鉴。

（2）世界文明古国的由来

世界文明古国的由来可以追溯到古希腊时期。古希腊经历了多次转变和发展，吸收了许多不同的文明，最终形成了独特的文化体系。

古希腊汲取了爱琴文明的艺术、建筑和墓葬文化，这使得古希腊的文化更加丰富多样。同时，在西波战争的遗留文化中，古希腊找到了一种划分东方文明和西方文明的方式。这种划分在当时对于希腊的文明发展起到了重要作用。

雅典时期，古希腊展示了特有的开放性和独立精神，这使得古希腊的文明表现出独特的魅力和优越性。在雅典时期，希腊的政治、社会和文化生活都取得了巨大的进展，成为当时世界上最具影响力的文明之一。

亚历山大时期标志着希腊文明的多方面发展。亚历山大大帝征服了东方许多国家，并在那里传播了古希腊文化。这导致希腊文化在科学、哲学、文学、艺术等领域的繁荣。在亚历山大时期，希腊的文明影响力达到了顶峰。

因此，古希腊因其独特的文明发展，成为世界上最早的文明之一。古希腊吸收了多种文化的精华，并在自身的发展中形成了独特的文化体系，这使得古希腊文明受到了世界的广泛认可和赞赏。它为后世的世界文明提供了重要启示和借鉴。我们应该继承和发扬古希腊文明的精神，为人类文明的进步作出自己的贡献。

2. 神话

自古以来，无论是在我国还是在其他国家，神话都是人们茶余饭后的谈资。神话最早产生于生产力水平低下的社会阶段，是原始社会遗留下来的宝贵产物。

古代社会，人们奉行“万物有灵论”，所以人们充分发挥自身想象力，将情怀寄托在自然神话上，以此来表达对于美好生活的向往之情。

（1）久经风霜的希腊神话

百花齐放的各族文明共同构成了世界文明大花园，古希腊屹立于世界民族之林，希腊神话也是神话长河中耀眼的星光。

希腊文化历史悠久、内容丰富，包含希腊历史、希腊文化艺术、世界文学等方方面面的内容，对后来的西方文化产生了巨大影响，对英美文学史的影响尤其深远。

因此，研究西方文化，需要以古希腊神话为基础。千百年来，希腊神话影响着一代又一代人，西方文学家大多以希腊神话为基础进行文学作品创作，为世人留下宝贵的文学财富。

（2）为世人称赞的神与英雄

神的故事源远流长，涉及内容广泛。传说中希腊的奥林匹亚山是希腊众多主神的居住地，众多神在此居住生活。他们从事着自己的分内之事。神与人共存共亡，呼风唤雨，主宰人类命运，统治着天下。

神也与人同形同性，拥有美貌和情感，与人共同活动。希腊神话的神具有鲜明的个性，与我国传说的“神仙”不同，希腊神话中的“神”并没有很重的神秘色彩。

英雄是神话中神的化身，英雄传说源于对祖先的高度崇拜。如果说神的职责是统治世界，那么英雄的职责就是拯救世界。

远古时期，人们的技术水平有限，每当人们遇到无法解决的问题时，就会把希望寄托在英雄身上，英雄传说是古希腊人对于远古历史和自然界斗争的艺术性回顾。

传说中的英雄大多是神的后人，拥有非凡的勇气、过人的体力，集智慧和力量于一身，与邪恶势力顽强斗争，在历史上留下浓墨重彩的一笔。

无论是神还是英雄，都寄托了人类的期望。神话的产生在人类历史中发挥重要作用，已经初步形成了一种文明体系，对后世影响较大。

3. 希腊神话对西方文化的影响

希腊神话作为一个完整和系统的神话体系，对西方文化的发展影响深远。它的内容丰富而完整，被认为是现存的最完整的神话体系之一。这些神话故事一直延续到今天，在英美文学中仍然具有重要的影响力。

许多现代文学家在希腊神话的世界中畅游，并通过这个充满自由和生命力的世界打开了文学的新门户，创作出许多新的文学篇章。希腊神话的魅力激发了他们的创造力，使他们能够探索人类精神和世界的意义。

希腊神话对语言的发展也产生了重大影响。西方国家广泛借鉴古希腊的词汇，发挥语言的最大魅力。这些希腊词汇成为英语和其他西方语言的珍贵资源，丰富了语言的表达能力。

在思想上，希腊神话激发了无数西方哲学家和历史学家的思考。这些故事不仅让人们思考人类存在的意义和价值观，还启发了许多思想家的理论和探索。它们为西方哲学的发展提供了宝贵的思想资源。

艺术领域也受到了希腊神话的影响。许多艺术流派从神话故事中汲取灵感，形成了众多独特的艺术风格。这些艺术形式不仅表达了美的追求，还传递了深层次的文化内涵。

此外，希腊神话还在文艺复兴和思想启蒙等历史时期起到了重要作用。它们突破了传统的束缚，解放了人类的思想，孕育了丰富多样的希腊文学，培育了西方文化的发展。

二、为理论基础提供实证支持

（一）传承机制的对比分析

1. 不同国家的文化传承机制存在差异

不同国家在文化传承方面采取了各种不同的机制和方式，体现了文化传承机制的多样性和丰富性。有些国家注重家族传承，将文化作为家族的传统和遗产，在家庭中代代相传。这种传承机制强调了家族内部的文化传承和承载责任，将文化视为家族的重要资产，并通过家族成员之间的亲密联系和传统习俗来保持文化的连续性和完整性。在这种机制下，文化的传承不仅是一种责任，更是一种身份认同和家族凝聚力的象征。而另一些国家则注重学校的专业培训，通过系统地教育和培训来传承和弘扬本国文化。这种传承机制强调了专业知识和技能的传授，通过培养有才华和专业能力的人才来传承和发展本国文化。专业学校为学生提供完善的学术资源和培训机会，致力于培养新一代的文化传承者和创造者。他们将文化传承视为一门学科，通过系统的课程设置和教学方法，培养学生的文化意识和艺术表达能力。这种机制下，文化传承与学术研究和教育培训有机地结合在一起，促进了文化的创新和发展。尽管不同国家的文化传承机制存在差异，但其共同目标都是保护、传承和发展本国的文化遗产。这说明文化传承机制的多样性为不同国家和地区提供了灵活的选择，体现了文化传承的开放性和包容性。我们应该借鉴不同国家的经验和做法，探索适合本国实际情况的文化传承机制，实现文化的持续传承和发展。

2. 文化传承机制的多样性支持理论的深化

不同国家和地区在面对文化传承时，根据自身的历史、社会背景、教育体系和价值观等方面的差异，采取了各种不同的传承机制和策略。

这种多样性提供了丰富的实证材料，有助于我们深化理论的认识和理解。通过研究不同的文化传承机制，我们可以了解不同机制所蕴含的文化观念、教育理念、社会结构等因素对文化传承产生的影响。例如，家族传承侧重于家庭内部的血脉传承和传统价值观的传承，而专业学校的培训则注重知识传递和专业技能的传承。通过分析这些案例，我们可以深入地理解不同机制的优势、挑战和适用范围，为文化传承理论的建设提供实践和经验的支撑。

此外，对不同文化传承机制进行研究，还有助于我们掌握更全面、准确的传承策略，进一步加强文化的传承和发展。此外，研究不同机制之间的相互补充和融合之处，有助于拓宽我们的思维视野，激发创新思维，以更加灵活和富有包容性的方式推动文化的传承和发展。

（二）文化传承与社会发展的关系

1. 文化传承与社会发展息息相关

文化传承与社会发展之间存在深刻而紧密的关系，这一关系不仅在国际层面得以体现，同时也对国家和地区的社会经济发展产生直接而重要的影响。通过对国际上的文化传承案例的深入研究，我们可以观察到文化传承在国际上不仅是一个独特而重要的文化标志，更是国家形象的重要组成部分。

成功传承的文化元素常常成为国家或地区的独特标志，吸引国际关注。这些元素不仅代表悠久的历史与深厚的文化底蕴，更成为塑造国家正面形象的有力支持。这一现象在当今全球化的背景下尤为显著，国际社会持续关注具有独特文化传承的国家，并将其视为重要的文化资源。

文化传承的成功直接关系到一个国家或地区的社会经济发展水平。我们深入挖掘各国文化传承的案例，可以发现那些成功将文化传承下去的国家往往在社会经济领域取得了显著成就。文化传承不仅是历史文化的传承，更是社会发展的动力，为国家提供了独特的软实力，推动了经济、科技、教育等多个领域的发展。

在这一复杂而多层次的关系中，文化传承与社会发展共同构筑了一个国家的综合形象。文化传承作为一个国家的独特标志，为其在全球舞台上的地位提供了坚实基础。同时，文化传承通过对社会经济的积极影响，也为国家的可持续发展奠定了坚实基础。

2. 成功传承的文化元素推动文化创意产业的发展

成功传承的文化元素不仅在国际上具有独特的艺术价值，而且在市场上具备巨大的潜力，能够引起国际市场的关注。这些文化元素的成功传承不仅是历史与传统文化的传承，更成为推动文化创意产业发展的重要资源，为经济增长和就业机会的增加提供了强大动力。

在国际市场中，成功传承的文化元素往往因其独特性而备受瞩目。具有深厚历史背景的文化元素不仅反映了一个国家或地区的文化底蕴，更蕴含着独特的艺术价值，能引起国际市场对它的高度关注。这种关注不仅体现在文化爱好者和收藏家对其的追捧上，更在市场需求的形成上产生了积极而深远的影响。

这些成功传承的文化元素成为文化创意产业的重要资源。文化创意产业以其独特的文化内涵为基础，通过创新性的设计、制作和推广，将传统文化元素注入当代社会中，从而形成具有现代审美和市场竞争力的产品和服务。这不仅丰富了文化创意市场，更推动了相关产业链的发展。

文化创意产业的发展不仅对文化元素本身产生积极的影响，同时也为经济增长和就业机会的增加贡献力量。国家或地区通过激发文化创意产业的活力，不仅能够实现文化遗产的有效传承，还能够在全球市场上赢得更多的话语权。文化创意产业的兴盛不仅意味着经济的繁荣，更意味着文化的传承与创新在当代社会的持续演进，为社会发展提供了新的动力。

3. 文化传承案例为实证研究提供有力支持

文化传承案例作为实证研究的重要源泉，为我们深入理解文化传承与社会发展的关系提供了有力支持。我们不仅能够收集大量的实证数据，而且能够在理论研究中获得启示。

我们研究成功的案例，可以发现文化传承对社会发展起到积极推动的作用，它在经济、社会和文化领域产生的多层次影响。同时，我们能够识别出文化传承遇到的一些问题和难题，为未来的文化传承提供改进和应对的思路。

这些案例研究不仅是对理论的有力支持，更有助于我们总结出一些成功的文化传承机制和策略。我们深入挖掘各国的成功经验，可以发现一些通用的原则和方法，这对于其他国家和地区在文化传承中寻找适切的路径具有借鉴意义。这种知识的分享和交流，有助于构建一个更加富有创造力和可持续性的文化传承体系。

第三章　创新理论与文化创新

第一节　创新的概念与分类

一、创新的多维度解释

（一）创新的经济学解释

1. 创新的经济学定义

在经济学框架下，创新被明确定义为引入新产品、新生产流程、新市场和新组织形式，旨在提高经济效益和竞争力。这一维度将创新视为推动企业发展、经济增长的核心因素。新产品的开发、生产流程的优化、市场的拓展以及组织形式的调整被看作是经济活动中不可或缺的创新形式。

2. 创新与经济效益

创新在经济学中被看作是提高企业经济效益的重要手段。企业通过引入新产品和新生产流程，可以在市场中获得竞争优势，实现利润的增长。新市场的探索和新组织形式的引入有助于提高企业的运作效率和灵活性，进而促进整个经济体系的发展。

3. 创新与竞争力

经济学解释中强调创新对企业竞争力的推动作用。企业不断引入新元素，能够更好地适应市场变化，保持竞争的活力。创新成为企业在激烈市场竞争中脱颖而出的关键因素，对长期经济成功至关重要。

（二）创新的社会学解释

1. 创新与社会变革

从社会学角度来看，创新被视为社会发展的引擎。它不仅仅涉及技术和产品的变革，更包括新观念、价值和社会制度的创造和应用。社会学将创新看作是社会发展的重要力量，是引导社会朝着新方向发展的关键力量。

2. 创新的文化影响

社会学解释中强调创新对文化、制度和社会结构的深远影响。创新的推动不仅是技术和产业层面的变革，更是社会观念和文化认知的塑造。新观念的产生和社会结构的调整常常伴随着创新的推进，促使社会体系更加开放、包容和多元。

3. 创新与社会发展

社会学角度下，创新被视为社会发展的重要动力。在社会发展的过程中，创新为解决社会问题、推动社会变迁提供了有效手段，为建设更加公正、平等的社会奠定了基础。

二、不同类型创新的分类

（一）产品创新与服务创新

1. 产品创新

产品创新是指企业通过研发与设计，推出新的产品或对现有产品进行重大改进的过程。这种创新强调的是通过技术、设计或功能的变革，满足市场对更新、更好、更强的产品的需求。产品创新常常涉及新材料的应用、新技术的引入以及新功能的开发。企业通过产品创新，不仅能够提高市场份额，还能够满足消费者不断变化的需求，保持竞争力。

2. 服务创新

服务创新侧重于改进或创造新的服务模式，注重提高服务质量，提供更高效、更个性化的服务体验。这种创新强调的是企业对顾客需求的深刻理解和满足，企业通过提供创新性的服务，可以在竞争激烈的市场中脱颖而出。服务创新涉及服务设计、客户关系管理、数字化技术的应用等方面，为企业赢得顾客忠诚度，提高市场份额提供了有效途径。

（二）工艺创新与管理创新

1. 工艺创新

工艺创新聚焦于生产和制造过程的改进，旨在提高生产效率、降低成本、减少资源浪费。这种创新涉及生产技术和设备的更新、生产流程的优化等方面。企业通过工艺创新，可以提高生产能力，适应市场对产品量产和质量要求的不断提升，从而保持竞争优势。

2. 管理创新

管理创新关注的是组织结构、管理理念和人力资源方面的创新。这种创新不仅可以更好地提高管理效率，更涉及激发员工创造力、提高组织的灵活性和适应性。管理创新包括组织文化的调整、领导风格的创新、团队协作的优化等方面。企业通过管理创新，能够更好地应对市场变化，提高决策效率，推动整体组织发展。

第二节 创新与社会发展的关系

一、创新与社会发展的互动关系

（一）创新推动社会进步

1. 创新作为社会进步的引擎

创新被视为社会进步的引擎，它在社会发展中扮演关键角色。不断引入新的技术、思想和制度，可以推动社会向更高水平迈进。在科技领域，创新驱动的科技进步深刻影响了医疗、教育、通信等多个领域，提升了社会的整体素质。

2. 科技进步对社会各领域的影响

创新驱动的科技进步对社会各领域产生深远而积极的影响。在医疗领域，新的医疗技术和药物的引入提高了治疗效果，延长了寿命，促进了健康水平的提升。在教育领域，创新技术的运用改变了传统教学方式，提高了教育资源的可及性，推动了教育的普及与提升。通信技术的创新促使信息迅速传递，拉近了人们之间的距离，促进了社会交流与合作。

（二）社会需求引导创新

1. 演变的社会需求

社会需求不断演变，创新因应社会问题、满足人们需求成为一种必然。随着社会的发展，人们对生活质量、环保、健康等方面的需求不断提升。创新应运而生，致力于解决社会问题、满足新的需求。

2. 创新的方向和力度

社会的发展推动创新的方向和力度。例如，环保意识的兴起催生了可再生能源的创新。社会对可持续发展的追求引导绿色技术、清洁能源等方面的创新。这种以社会需求为导向的创新不仅解决了实际问题，更促使相关产业的发展和社会的可持续进步。

3. 创新与社会问题的协同应对

创新通过对社会需求的敏锐洞察，为社会问题的解决提供了新的思路和方法。

例如，创新技术的应用促进了医疗事业的发展，为社会应对卫生危机提供了有力支持。这种创新与社会问题的协同应对不仅推动了科技水平的提升，也增强了社会的抗风险能力。

二、创新在社会发展中的角色

（一）创新作为社会发展的催化剂

1. 创新是社会发展的产物

创新不仅是社会发展的产物，更是一种能够催生和引领发展的力量。社会的不断演进推动了创新的需求，而创新则在回馈中推动社会发展的深化。这种相互作用构成了社会与创新之间复杂而紧密的关系。

2. 创新加快社会发展的速度

创新在社会发展中充当催化剂。打破旧有模式、引入新理念和技术，可以加快社会的发展速度。新的科技、思想和制度的引入使得社会更加适应时代的要求，促使社会从传统向现代转变。在社会加速发展的过程中，创新扮演了引领者的角色，推动社会迅速适应并响应外部环境的变化。

（二）创新对社会结构的重塑

1. 创新对社会结构的深刻改变

社会结构是在长期发展中形成的，而创新具有对这种结构进行深刻改变的能力。在信息技术迅速发展的时代，传统产业的运作方式被重新定义，创新推动了新的社会结构的形成。数字化、智能化等新技术的应用改变了产业链条，创造了新的商业模式，促使社会结构从线性向网络化、灵活化的方向演进。

2. 创新引领社会结构的演变

创新作为引领社会发展的力量，对社会结构的演变产生决定性影响。例如，工业革命时期的创新不仅带动了新兴产业的崛起，也重塑了社会的阶层结构和职业体系。在现代社会中，数字化、全球化等创新驱动的因素又在重塑社会的组织形式，强调了信息流通的便捷性和跨界合作的重要性。

第三节　文化创新的内涵与特征

一、文化创新的核心特征

（一）文化创新与文化多样性

文化创新在其根本层面上并非简单的文化复制，而是体现在对传统文化的创造性发展中。它不是对过去的简单模仿，而是通过对传统文化元素的重新解释、演绎，以及与多元文化的积极互动，呈现出一种全新的文化形态。这种创新并非摒弃传统，而是在传承的基础上进行深层次的延伸和丰富。

文化创新通过与多元文化的互动，形成了更加综合、开放的文化体系。不同文化的交融与融合使得新的文化元素得以孕育，从而为文化多样性的不断丰富提供了动力。文化创新并非仅限于某一特定文化领域，而是跨足多种文化元素，包括语言、艺术、价值观念等，形成了复杂且多层次的文化网络。

在文化创新的过程中，多元文化的存在不仅是一个被创新的对象，更是创新的源泉之一。多元文化的碰撞与交流为文化创新提供了丰富的资源，激发了创新的灵感。这种互动过程不仅丰富了文化内涵，也促使文化更好地适应当代社会的复杂多变。

文化多样性的重要性在于它为社会提供了更加广泛的选择和视角。文化创新的发展推动了文化多样性的繁荣，使得社会能够更好地应对全球化挑战。这种文化多样性不仅丰富了人们的精神生活，更有助于促进不同文化之间的理解与尊重，为构建和谐、包容的社会环境奠定了基础。

（二）创新与文化认同的关联

文化创新不仅是对传统文化的挑战，更是一种独特的文化认同表达方式。在创新过程中，个体和社群通过对文化的转变和重新演绎，形成了新的文化认同，从而重新构建了自己的身份认同。这种关联体现了创新与文化认同之间深刻而复杂的关系。

创新被视为对传统文化的一种挑战，因为它涉及对传统价值观、思维方式和社会结构的重新解释和改变。然而，这种挑战并非意味着文化认同的丧失，相反，创新为个体和社群提供了表达自身独特性的机会。个体和社群通过创新，能够突破传统框架，表达出更富有创造性和独特性的文化认同。

在创新过程中，个体和社群通过对文化元素的重新组合、演绎和创造，形成了新的文化符号和语言。这些新的文化表达成为身份认同的一部分，反映了个体和社群对于自身地位、价值观和归属感的认同。因此，文化创新既是对传统文化的改变，也是对个体和社群身份认同的一种有力体现。

同时，文化认同在创新中扮演引导者和支持者的角色。个体和社群通过对自身文化传统的深刻理解，将这些元素融入创新过程中。这种深度的文化认同有助于创新的根基更加牢固，使得新的文化表达更具有连贯性和深度。因此，文化认同与创新之间的关联是一种相互促进的关系，既有利于文化的传承，又有助于文化的创新与发展。

二、文化创新的内在机制

（一）文化创新的传播与接受

文化创新的成功不仅依赖于创作者的努力，更需要广泛受众的理解与接受。在这一过程中，传播媒介和教育系统等扮演关键角色，通过这些渠道，新的文化观念得以广泛传播。文化创新的传播与接受的关系既是复杂的，又是紧密相连的。

文化创新作为一种新颖而独特的文化表达，需要通过适当的传播渠道被推送到社会大众面前。传播媒介在其中发挥了至关重要的作用，它不仅是文化创新的传播工具，更是文化创新与受众沟通的桥梁。电视、广播、互联网等传播媒介的广泛运用，为文化创新提供了更加便捷而广泛的传播途径。文化创新通过各类媒介的报道、推广和宣传，得以在社会中被关注，成为广大受众关心的话题。

教育系统在文化创新的传播与接受中同样扮演重要角色。学校、大学等教育机构是文化传承和创新的重要阵地，它们承担了培养受众文化观念的责任。教育不仅提供了学科知识的传授，更是培养受众对于文化创新的敏感性和理解力的平台。教育系统通过课程设置、文化活动等手段，能够引导受众更深层次地理解和接受文化创新，促使其在知识结构和思维方式上发生积极变化。

文化创新的传播与接受是一个相互影响的过程。传播媒介和教育系统的作用相辅相成，共同构建了文化创新的传播网络。在这个过程中，创作者的创意与努力只是一方面，受众的主动接受同样至关重要。文化创新的成功传播与受众的广泛接受相辅相成，共同推动了文化的发展与进步。

（二）文化创新的创作者与社会背景

文化创新的产生常常受制于创作者的个体特质以及所处的社会背景。创作者的个人经历、创造性思维和文化敏感性与社会的需求、价值观之间形成了复杂而密切的相互作用，共同推动文化创新的发生。在这个过程中，个体创作者与社会背景的关系既是相互塑造的，也是相互依赖的。

首先，个体创作者的特质对文化创新起关键作用。创作者的创造性思维、独特视角以及对文化传统的深刻理解，都是文化创新能否成功的决定性因素。个体创作者的创意不仅是对传统的继承，更是对传统的重新解读和再创造。在文化创新的过程中，创作者通过对自身文化认同的深入思考，将个人独特的经历与观点融入创新中，赋予文化创作更丰富的内涵。

其次，社会背景对文化创新的塑造至关重要。社会背景包括社会的历史、价值观念、经济发展水平等多个层面。文化创新往往在特定的社会语境中产生，它既是对社会发展的回应，也是对社会需求的满足。社会的需求和价值观直接影响创作者对于文化创新方向的选择。例如，某个社会可能在特定时期对于文化创新有更迫切的需求，这将引导创作者更加关注与社会问题相关的文化创新。

创作者个体和社会背景之间的互动推动文化创新的发生。在这个过程中，创作者的独特视角和文化敏感性与社会的发展需求相契合，形成了新的文化元素。文化创新既是个体创作者对自身文化认同的表达，也是社会背景对文化的引导和塑造。这种相互作用使得文化创新不仅是个体创作者的个人创作，更是社会文化共同体的共同建构。

第四节　创新与传统文化的互动

一、传统文化在创新中的变革过程

（一）传统文化的价值再评估

创新的涌现推动了人们对传统文化价值的再评估，使得某些传统元素因创新而得以重新发现，成为创新的源泉。这种再评估是对传统文化的深层理解和对其内在价值的重新认知。

创新作为一种对传统文化的思考和重新演绎，将注目点引向传统文化中被忽视或未被充分理解的元素。人们通过创新的眼光，更加细致地审视传统文化，发现其中蕴含的丰富内涵。这种重新评估使得人们对传统文化不再仅仅停留在表面认知，而是更深刻地理解其中蕴含的智慧、价值观念和审美情感。

创新还通过将传统元素引入现代社会，使得这些元素重焕生机。传统文化的某些元素在新的背景下被赋予新的意义，成为创新的灵感之源。例如，在当代艺术中融入传统绘画元素，或是将传统文学题材重新演绎为现代电影，这些都是传统文化在创新中焕发新的活力。

这种再评估并非对传统文化的简单复制，而是通过创新的手法使其更加贴近现代人的生活和需求。创新为传统文化注入了新鲜血液，使得传统文化在当代社会中找到了新的生命力和意义。这也反映了人们对传统文化的价值进行重新认知的过程，认识到传统文化并非只是历史的遗产，更是当代社会可以借鉴和发扬的宝贵资源。

（二）传统文化的融合创新

创新并非与传统文化对立，而是在保留传统的基础上进行融合创新。这种融合不仅能够传承文化基因，还能够赋予传统文化新的生命力，使其在当代社会中保持活力与影响力。

融合创新的一个关键点是传承文化基因。在融合过程中，创新者需要深刻理解传统文化的核心价值、符号体系和审美观念，将这些传统的文化基因传承下来。这种传承不仅是对传统文化的尊重，更是对文化连续性的坚守。融合创新通过将传统文化的精髓传承给后代，实现了对文化传统的延续与弘扬。

同时，融合创新注重的是赋予传统文化新的生命力。在传统文化的基础上，创新者通过引入新的元素、运用新的技术、创造新的表达形式，使得传统文化焕发出与时俱进的活力。这种创新并非改变传统文化的本质，而是使其更贴近现代人的生活和情感，为传统文化赋予了新的内涵和表达方式。

融合创新既有助于传统文化在当代社会的传承，又有助于激发文化的创造性发展。通过融合创新，传统文化不再被视为僵化的历史遗产，而是成为创新的资源和灵感之源。这种有机的融合为文化的多元发展提供了可能性，既保持了传统文化的独特性，又促使其在当代社会与其他文化形式产生有益的互动。

二、创新对传统文化的影响

（一）文化产业的崛起

创新的涌现为文化产业的崛起注入了强大的动力，使传统文化通过数字化、创意设计等手段焕发新的生命力，成为文化产业的重要组成部分。这一过程既反映了文化与经济的深刻融合，也展现了创新对文化产业发展的积极影响。

文化产业的崛起是创新推动下的产物。数字技术的不断进步为文化创意产业提供了丰富的创作、生产和传播工具，推动了文化内容的数字化转型。这种数字化的趋势使得传统文化更易于传播、推广和商业化，从而助推文化产业的崛起。

在数字化的推动下，文化产业不再局限于传统媒体，而是涵盖了数字出版、游戏、影视制作等多个领域。数字化催生了新的商业模式，如在线文化平台、数字艺术品交易等，为文化产业带来了多样化的发展路径。这种多元化的发展不仅拓展了文化产业的规模，还激发了更多创意的涌现。

创意设计作为文化产业的关键元素，通过创新的设计理念和表达方式，赋予传统文化新的表现形式。创意设计不仅体现在产品和内容的创新上，更在于将文化元素与现代审美趋势相结合，创造出更具吸引力和市场竞争力的文化产品。这种创意设计的运用促使了文化产业的艺术性、时尚性和商业性的有机结合，推动了产业的升级和发展。

文化产业的崛起不仅是单一领域的成功，更是文化与经济相互促进的体现。传统文化通过文化产业的发展，得以在当代社会焕发新的生命力，同时也为经济的增长和就业的创造提供了新的动力。文化产业的兴起还促进了跨界合作，如文创园区、文化创意集市等的建设，形成了文化产业链的完整生态系统。

（二）传统文化的全球传播

创新的涌现为传统文化在全球范围内的传播提供了强大的推动力。传统文化可以以更快速、更广泛的方式传递给全球观众，促进了文化的跨越式发展。

数字化技术在传统文化的全球传播中发挥关键作用。互联网和数字媒体的迅猛发展使得信息能够以极高的速度传播，为传统文化在全球范围内的推广提供了便利工具。文化内容数字化的过程使得传统文化更易于被存储、分享和传递，不受地域和时间的限制，有力地推动了文化信息的全球流通。

新媒体平台的兴起也为传统文化的全球传播开辟了新的途径。社交媒体、视频分享平台等使得文化内容可以在瞬息之间传播到世界各地。通过社交分享和用户互动，传统文化得以更加直接地触达全球观众，形成了文化信息的多向传递网络。这种多元的传播形式不仅提高了传统文化的知名度，也为不同文化之间的交流搭建了桥梁。

传统文化在全球传播成功不仅依赖于技术手段，也需要传统文化本身具有足够的吸引力和包容性。创新使得传统文化在呈现方式和表达形式上焕发新的生命力，更符合现代观众的审美和需求，从而更好地赢得全球民众的关注。

当传统文化具备跨越国界的能力，成为不同文化之间对话和交流的媒介。各国民众能够更加深入地了解和体验其他国家和地区的传统文化，促进文化的互鉴和共享。这种全球传播不仅有助于传统文化的传承，也为文化的多元发展创造了更广阔的空间。

三、民俗文化的传承与创新

随着我国经济的快速增长，人们的生活品质得到极大提升，精神文化需求也不断提高。观光旅游、周边旅游、低碳旅游等方式虽然能够满足部分人群的需求，但是民俗旅游和乡村旅游这些独特的旅游方式更具吸引力，为人们提供了更多的选择。各地在开发旅游项目的过程中，可以将民俗文化融入其中，深入开发民俗文化资源，促进民俗文化旅游稳定发展。目前，各地的民俗旅游项目开发已经取得了显著成果，有了更多值得借鉴的成功案例，未来的发展前景相当乐观。文化旅游融合的理念为我国旅游业的发展指明了新的道路，并带来了新的机遇。文旅融合背景下，民俗文化成为旅游的重要元素，旅游成为民俗文化的传播媒介，而二者的结合能够满足人们对文化旅游的期待。

（一）民俗文化的基本内涵

民俗文化是人类社会发展过程中的重要组成部分，其基本内涵包括三个层面。其一，民俗文化是人们精神面貌的集中体现，是各民族独特风尚的表征。这体现在人们的日常生活、价值观念、道德规范等方面，形成了独特的文化氛围。其二，民俗文化包括各类社会行为，如节庆、习俗、信仰等，形成了复杂而丰富的文化体系。这些行为不仅是人们在特定背景下的集体行动，也是文化传承和演变的具体表现。其三，民俗文化描述了与之相关的事件，这些事件是由民族的风尚和社会行为相互交织而成。观察其产生和发展历程，可见其植根于广大人民群众的日常生活。人民群众既是民俗文化的创造者，更是其接受者、保存者和传播者。脱离人民群众，民俗文化将失去本质意义。从文化角度来看，民俗文化可被解读为一种为大众所继承的文化现象，具有地理位置相对固定、历史悠久和世代相传的特性。在社会实践中，民俗文化影响人们的思维方式，规范行为举止，对社会稳定发展具有积极作用。因此，深入研究和理解民俗文化的内涵，不仅有助于丰富文化遗产，也为社会发展提供有益启示。

（二）民俗文化与旅游的关系分析

1. 民俗文化丰富旅游的形态

旅游作为一种跨地域的文化交流活动，不仅是对自然风光的追逐，更是对当地文化的感知与体验。在这一过程中，民俗文化扮演重要角色，它丰富了旅游的形态。中国作为一个拥有丰富民族文化的国家，各地区、各民族之间的文化差异使得旅游景点呈现出多样化风貌。例如，西南地区的彝族、藏族等少数民族，其独特的服饰、传统节日都吸引大量游客前往探寻。同时，北方的农村民俗文化与南方水乡的民俗风情也各具特色，为旅游者提供了丰富多彩的选择。民俗文化与旅游的结合不仅是景点的单纯展示，更是游客对当地历史、生活方式和精神追求的体验，游客在旅途中可以获得全方位的文化滋养和心灵愉悦。

2. 民俗文化充实旅游的内涵

随着旅游市场的不断扩大和游客需求的多样化，传统的风景观光已经不能完全满足人们的需求。民俗文化旅游应运而生，通过深度融合地方传统文化、民俗风情和旅游服务，为游客提供了更加丰富多彩的旅游体验。民俗文化旅游不仅让游客欣赏到异域风情，更重要的是让他们亲身参与其中，与当地居民互动交流，深入了解当地的历史、传统和生活方式。例如，在民俗度假村中，游客可以体验农耕生活、手工艺制作、民间传统节庆等，从而增进对当地文化的理解和认同。这种文化与旅游的融合不仅满足了游客的文化需求，也推动了旅游业的多元化发展。

3. 民俗文化旅游带动经济发展

民俗文化旅游作为一种具有文化内涵和经济效益的旅游模式，对地方经济发展起到了积极作用。一是民俗文化旅游的兴起带动了当地旅游业的繁荣，增加了就业机会，提高了当地居民的生活水平。二是开发民俗文化资源，打造特色旅游项目，可以提升旅游目的地的知名度和吸引力，吸引更多游客前来消费，推动当地商贸、餐饮、住宿等相关产业的发展。三是民俗文化旅游的兴起也促进了当地文化传承与保护工作，激发了人们对传统文化的热爱和保护意识。因此，民俗文化旅游不仅是一种旅游形式，更是一种文化传承和经济发展的有效途径，对推动地方经济持续增长和文化繁荣具有重要意义。

（三）文旅融合背景下民俗文化的传承与创新

1. 在旅游中融入民俗文化

民俗文化是中国传统文化的重要组成部分，蕴含着丰富的民族认知、文化内涵、风俗习惯和价值观念，展现了各民族的独特性。在旅游中融入民俗文化，不仅能够丰富旅游的文化内涵，还可以为游客提供全新的文化体验。不同民族的文化和风俗各具特色，将民族风情元素融入旅游活动中，可以让游客更深入地了解和体验当地的文化底蕴。例如，各少数民族的服饰往往蕴含着丰富的文化内涵，如维吾尔族的花帽、傣族的花纹长裙以及苗族的银饰等，都展现了民族特色。这些服饰不仅具有实用功能，更重要的是通过其独特的设计和工艺，传递着民族文化的精髓和精神追求。观赏和体验这些民族服饰不仅可以给游客带来视觉享受，还能够增进游客对当地文化的理解和认同。除了服饰外，民族的传统节日、民间习俗等也是旅游中融入民俗文化的重要元素。例如，在新疆的喀什地区，游客可以逛喀什古城，感受浓厚的民俗氛围；在云南的西双版纳，游客可以参与傣族的泼水节，感受独特的民间传统文化。

总之，将民族文化元素融入旅游活动中，可以使游客全面地了解和感受当地的文化魅力，促进文化交流与传承，推动旅游业的健康发展。

2. 坚持政府主导

在文化旅游融合的大背景下，民俗文化的发展不是超越简单的“1+1=2”模式，而是要注重全面、系统和持续发展。在这一过程中，政府主导发挥关键作用。一是政府在文化旅游产业的管理方面应持续优化相关法律法规，将开发、管理、治理和保护相关法规整合，确保项目的顺利实施。同时，政府相关机构需承担监管职责，设立专门的监管机构，对项目从规划、开发到运行的各个环节进行监管，并制定明确的评估指标。二是政府需要收集并分析当地居民和游客对文化旅游项目的反馈和意见，以此为依据设立全面、公正的项目追踪并撰写管理报告。例如，在贵州，尽管民俗文化旅游资源丰富，但由于资源分布较为分散，加之基础设施和服务体系相对滞后，导致旅游行业存在连通性低、技术人员短缺、产品单一等问题。因此，政府应抓住文旅融合发展的机遇，充分利用民俗文化平台，展示贵州丰富的农村民俗文化资源，推动旅游行业的变革与升级。贵州可以通过加强基础设施建设、培训专业人才、丰富旅游产品种类等措施，促进民俗文化旅游的持续发展，推动贵州旅游业向更加多元化、专业化、智能化的方向发展，从而实现经济、社会和文化的共同繁荣。

3. 促进文旅融合的专业化

在促进文旅融合的过程中，我们需要实现对民俗文化的深度保护、研究和推广，同时要实现传统与现代的完美融合，提高旅游服务质量和竞争力。一是我们需要对民俗文化进行深度保护，保护其原始性和独特性。这需要政府部门与相关机构共同努力，制定保护政策、加强监管和实施专项保护计划等手段，保护好民俗文化的传承和发展。同时，还要进行深入的研究，挖掘民俗文化中的精华，剔除无用的部分，以确保民俗文化的传承更具时代性和可持续性。二是我们在文旅项目的实施过程中，要重视人才培养和服务意识的提升。对工作人员及本地居民定期培训，可以更新他们的旅游服务观念，以打造一支适应文旅融合发展趋势的人才团队，提高服务水平和游客满意度。三是要充分利用信息技术，在民俗文化旅游项目开发过程中运用大数据技术，搜集具备竞争力的相似项目的资料，评估项目优劣，分析市场需求和未来发展趋势，从而更好地把握市场动态。同时，构建基于民俗文化的科技平台，通过网络等渠道展示民俗文化旅游项目的独特性和吸引力，吸引更多游客参与。

促进文旅融合的专业化需要政府、企业和社会各界的共同努力，通过深度保护、研究和推广民俗文化，实现传统与现代相融合，提高旅游服务质量和竞争力，推动文旅融合发展向更加健康和可持续的方向迈进。

4. 深挖民俗文化内在元素

文旅项目的吸引力源于其独特的民俗文化元素，因此在文旅项目的开发和建设中，必须深入挖掘和丰富民俗文化的内在元素，以提升旅游体验和吸引力。一是我们需要关注民俗文化的实际呈现方式。这包括民俗美食、民俗服装、民俗手艺等方面。当地提供地道的民俗美食体验、展示传统的民俗服饰、举办民俗手工艺制作活动等，让游客亲身参与、感受和体验民俗文化的魅力。二是地方文旅应重视民俗文化资源的整合和利用。地方的民俗文化资源往往分散且容易被忽视，因此需要将这些资源整合起来，发挥协同效应。比如，贵州拥有丰富多样的自然和人文资源，各少数民族的传统建筑风格独特，如苗族、侗族、布依族等的“干栏”式住宅、瑶族的禾榔、禾晾、白族的寺院建筑等，都是丰富的民俗文化元素，可以成为贵州发展民俗文化旅游的重要资源。在文旅融合的背景下，各地将这些民俗文化元素融入旅游项目中，不仅能够提高旅游的多样性和深度，还能够通过旅游的方式向游客展示丰富多彩的传统文化，促进不同文化之间的交流与理解。因此，深挖民俗文化内在元素，将其融入文旅项目中，是推动文旅融合发展的重要举措，有助于旅游业可持续发展和传承与保护地方文化。

5. 丰富旅游产品的形式

旅游产品不仅能够集中体现当地的风土人情，还有助于将其推广至全世界，吸引更多消费者。因此，在开发旅游产品时应融入民族风情等元素，并加入体验环节，对产品进行创新。例如，在民族歌舞表演中，可以利用剧场效应，随机邀请游客参与到表演活动中，提高他们的参与度和互动性。为了保持民俗文化旅游项目的活力，要以文化旅游产业为中心提供“一站式”服务，这样既能为游客提供文化和休闲活动，又能推动基于民俗文化的文化旅游产业链发展。

第四章　文化传承与创新的冲突与融合

第一节　传承与创新的冲突分析

一、传承的惯性与创新的冲击

（一）传承的保守性特点

1. 传承的历史延续性

传承作为一种文化传播方式，承载着历史的延续和传统的传承。这一过程不仅是对过去文化遗产的尊重和继承，也是对未来文化发展的贡献和预见。在传承过程中，人们通过代际之间的传递，将历史中的文化内涵、价值观念、技艺等传承给后代，从而使得文化得以延续和发展。

首先，传承具有历史延续性，体现在对历史文化遗产的继承和保护上。传承者通过学习、练习和传授，将过去的文化传统传承给后代，使得这些珍贵的文化遗产得以保存和传承。例如，中国传统的文学、绘画、音乐、戏曲等艺术形式，以及传统的医药、工艺制作等技艺，在传承过程中不断延续并融入现代社会生活中，成为中华民族文化的重要组成部分。

其次，传承的历史延续性体现在对传统价值观念和文化精神的传承上。传承者通过言传身教的方式，向后代传递家国情怀、民族精神、道德规范等传统价值观念，引导他们树立正确的世界观、人生观和价值观。这种传承不仅有助于保持社会的稳定和秩序，也有助于培养后代的爱国情怀和文化自信。

最后，传承还体现在对传统技艺和工艺的传承上。许多传统的手工艺制作技艺，如陶艺、织锦、刺绣等，通过代代相传的方式得以保持和发展。传承者通过不断练习和创新，将传统工艺与现代技术相结合，推动传统工艺的传承和创新，使之更适应当代社会的需求。

2. 保守与稳定的价值观

传承往往强调保守与稳定的价值观念，这是因为传统文化所蕴含的价值观通常被认为是经得起时间考验的，具有普遍性的特征。传承者相信，这些传统的价值观念是过去几代人在实践中积累的智慧结晶，是对人类生活、社会发展和道德规范的总结和归纳，因此应当被珍视和传承。

（1）保守与稳定的价值观念体现了人们对稳定社会秩序的追求

传统的价值观念通常强调家庭、社区和国家的和谐与稳定，强调个人责任、道德规范和社会义务。这些价值观念在历史发展中被证明是维护社会秩序和稳定的重要基石，因此，传承者们倾向于将这些传统的价值观念传承给后代，以确保社会的和谐发展。

（2）保守与稳定的价值观念体现了人们对文化传承的认同和尊重

传统文化中蕴含着丰富的历史、文化和民族精神，其中的价值观念是文化传承的核心内容之一。传承者相信，这些传统的价值观念是对文化认同和身份认同的重要构成，是民族精神和文化自信的重要来源。因此，他们倾向于保留和传承这些传统的价值观念，以维护民族文化的独特性和多样性。

（3）保守与稳定的价值观念也体现了个人对生活和人类命运的关怀

传统的价值观念通常强调人与人之间的亲情、友情和爱情，强调个人责任和社会义务，强调对他人的关爱和尊重。这些价值观念在传承者看来是构建和谐社会、实现人类幸福的重要基础，因此应当得到传承和弘扬。

3. 对新事物的谨慎态度

由于传承强调对过去的延续，传承者往往对新事物持谨慎态度。

首先，传承者担心新事物可能破坏传统文化的稳定性和完整性。传统文化是历经时间沉淀而形成的，其内涵和形式在长期的演变中已经趋于稳定。传承者担心过多地引入新的理念、新的方法或新的形式会导致传统文化的扭曲和失真，进而削弱文化的凝聚力和传播力。因此，他们倾向于保持对传统文化的原貌和保守姿态，对新事物持谨慎观望态度。

其次，传承者对新事物可能带来的不确定性和风险持警惕态度。新事物往往具有突破性和创新性，但也伴随着一定的不确定性和风险。传承者担心过快地接受新事物会带来负面影响，可能导致社会秩序的混乱、文化传承的断裂或价值观念的扭曲。因此，他们更倾向于保持对新事物的保留态度，通过审慎思考和谨慎评估，才会考虑是否接纳和融入新事物。

（二）创新的理念和方法

1. 对现实需求的反映

创新是人类社会发展的动力之一，其本质是对现实需求的敏感反映和对社会发展的积极回应。在不断变化的时代背景下，社会面临着多样而复杂的挑战，而创新则是应对这些挑战的重要手段之一。创新者往往能够识别和理解人们面临的问题和需求。他们致力于通过引入新的理念、技术和方法，为社会提供更好的解决方案。人类通过创新，能够不断地改进和完善现有的制度、技术和服务，从而提高生产力、提升生活品质，实现社会的可持续发展。此外，创新也为经济增长和竞争力的提升提供了重要支撑，成为国家和地区发展的重要推动力之一。因此，鼓励和支持创新成为现代社会发展的重要战略之一。政府、企业和社会组织都在积极地推动创新，为创新者提供资源和环境，以促进创新成果的产生和应用。然而，要实现真正意义上的创新，除了技术和制度上的创新外，还需要培养个体的创新意识和创新能力，激发个体和组织的创造潜能，鼓励他们不断地探索和实践。只有这样，才能更好地应对社会面临的挑战，推动社会向更加美好的方向发展。

2. 推动社会进步和发展

创新的本质在于不断突破和超越传统，引入新的理念和方法，以应对不断变化的社会需求和挑战。创新者深信传统文化需要与时俱进，以适应社会的发展。这种观点反映了人们对社会演进的理解：社会是一个动态的系统，需要不断适应变化，才能保持活力和持续发展。在这个过程中，创新被视为推动社会进步和发展的关键因素之一。

首先，创新打破了旧有的思维定式和模式，为社会提供了全新的解决方案和发展路径。传统文化固然有其价值和意义，但在面对新挑战时，过度守旧会成为一种束缚。创新者通过挑战现有的观念和方式，激发了人们对未来的探索和想象，从而为社会发展开辟了新的可能性。

其次，创新促进了知识的积累和传播，推动了科技和文化的进步。创新不仅是在特定领域引入新的技术或理念，更是一种跨学科的思维方式和方法论。通过不同领域的交叉融合和知识共享，创新促进了知识的跨界整合和创造性的输出，推动了人类文明的进步和繁荣。

3. 应对传统的挑战和突破

创新的崛起往往伴随着对传统文化的挑战和突破。这种挑战并非简单地否定传统，而是基于社会发展的需要。创新者具备挑战传统的勇气和创造新事物的决心，他们以此为动力，致力于改变传统的局面，使其更加适应当今社会的发展和变化。

（1）创新挑战了传统文化所固化的思维模式和价值观念

传统文化在一定程度上是社会发展的积淀和结晶，但也可能成为束缚社会进步的桎梏。一些传统的价值观念和规范可能不再适应当代社会的多样性和复杂性，需要通过创新来拓展和更新。创新者通过挑战老旧的思维定式，开拓了人们的视野，为社会带来了多元化和包容性的发展路径。

（2）对传统产业和生产方式构成挑战

随着科技的迅猛发展，一些传统产业和生产方式逐渐失去竞争力，需要通过创新来进行转型升级。创新者通过引入新的技术和生产方式，提高生产效率和产品质量，推动传统产业的转型升级，为经济的持续发展注入新的动力。

（三）冲突与抵触

传承与创新之间的冲突常常凸显了理念和价值观之间的差异。传承者通常倾向于保守和稳定的价值观念，他们强调对传统的尊重和延续。这一观念源于人们对历史和文化传统的珍视，认为传统所蕴含的智慧和价值是社会稳定和持续发展的基石。传承者相信，通过传承和继承传统，可以维系社会的凝聚力和认同感，使人们在面对现代化和全球化的挑战时仍能保持身份认同和文化根基。他们强调的是保守传统，维护文化的连续性，以此来维护社会秩序。

然而，与传承者相对应的是创新者，他们更加注重新的理念和方法的引入，认为传统需要与时俱进，必须不断地进行改革和创新。创新者相信，社会在不断变化和发展过程中，必须保持灵活性和适应性，以便有效地应对新的挑战和机遇。他们认为，只有通过创新，才能使传统更具活力和生命力，使社会在不断发展中保持竞争力和可持续性。因此，创新者主张的是挑战传统，寻求新的解决方案，以促进社会的进步和发展。

在现实生活中，这种理念和价值观的冲突常常在各领域产生。在文化领域，传统文化保护与文化创新之间的冲突是显而易见的。一些人主张对传统文化进行保守性保护，以避免其受到外来文化的侵蚀；而另一些人则认为应该通过创新的方式来传承和发展传统文化，使其更好地适应现代社会的需求。在经济领域，传统产业的保护与新兴产业的发展也存在冲突。一些人主张通过保护传统产业来维护就业和经济稳定；而另一些人则认为应该鼓励新兴产业的发展，以推动经济的转型和升级。

（四）平衡与整合

1. 传承与创新的有机结合

在传承与创新的冲突中，寻求平衡与整合是至关重要的。传承和创新并非互相排斥的概念，而是需要在保持传统文化传承的基础上，通过创新来发展和丰富传统文化。这就需要传承者和创新者之间沟通合作，共同寻求传统与现代的有机结合，使得传统文化传承和发展，同时又能够适应时代的变化和社会的需求。

（1）传承者和创新者需要建立相互尊重和理解的基础

传承者应该认识到创新的重要性，而创新者也应该尊重传统文化的价值和意义。双方应该摒弃偏见和敌对情绪，以开放的心态去倾听对方的观点和建议，共同探讨文化如何在传统的基础上进行创新。

（2）传承与创新的有机结合需要在实践中得到落实

这包括在文化创意产业、教育领域、社会组织等方面的具体合作与探索。传承者可以通过接受一些现代技术和理念，来丰富传统文化的表现形式和传播方式，使得传统文化更具吸引力和活力。创新者可以汲取传统文化的精华和智慧，来启发新的创意和思路，为传统文化注入新的生命力和时代气息。

（3）政府、学术界和社会组织等各方应该共同推动传承与创新的有机结合

这包括制定相关政策和措施，鼓励传统文化的传承与创新，提供相应的支持和资源。同时，我们也需要加强相关研究和教育，培养具有传承和创新意识的人才，推动传统文化与现代社会的融合发展。

平衡传承与创新的关系，可以实现传统文化的更新与发展。传承者和创新者应该相互尊重、包容对方的观点和态度，共同努力推动传统文化的传承和创新，使之能够适应社会的发展和变化，保持其独特的魅力和活力。

在实践中，传承者和创新者可以通过各种形式的合作与交流，共同推动传统文化的更新与发展，包括在文化创意产业、教育领域、社会组织等方面的具体合作与探索。他们可以共同策划和开展传统文化的传承与创新项目，促进传统文化与现代社会的融合发展。政府、学术界和社会组织等各方也应该加强对传统文化的保护与支持，为传统文化的传承与创新创造良好的环境和条件。

2. 文化自信与多元共生

在传承与创新的冲突中，树立文化自信是至关重要的，这意味着我们要保持对传统文化的自豪和尊重。传承者和创新者应该共同努力，保护和传承好民族的优秀传统文化，同时也要开放包容，接纳新的理念和方法，实现文化的多元共生

和共同繁荣。文化自信是指一个民族或国家对自己文化的自信和骄傲，是对自身文化传统的认同和珍视，是坚定文化认同的一种表现。在传承与创新的过程中，传承者应该以文化自信为基础，坚定地传承和弘扬民族的优秀传统文化，不断挖掘和发掘传统文化的深层内涵和精髓，使之成为民族精神的重要组成部分。同时，传承者也应该保持开放心态，积极吸纳新的文化元素和理念，推动传统文化与现代社会的融合发展。创新者应该尊重传统文化的基本价值和原则，不断探索和创新，为传统文化注入新的活力和时代气息。他们应该在创新的同时保持谦逊和谨慎，避免对传统文化的破坏和偏离，以确保传统文化的传承和发展能够沿着正确的方向前进。在实践中，文化自信与多元共生相辅相成，共同构建了一个包容、开放的文化生态系统。只有在文化自信和多元共生的基础上，传承与创新才能实现良性互动，促进文化的发展和繁荣。因此，传承者和创新者应该进一步加强文化自信的培育和建设，促进不同文化之间的交流与对话，共同推动世界文化的多样性和繁荣。

二、时代变迁与传统文化的冲突

（一）时代变迁的影响

1. 社会结构变迁

随着科技、经济的快速发展，社会结构不断变化，传统的社会组织形式和价值观念可能无法适应新的社会需求。例如，传统的家庭结构和家庭功能在城市化进程中面临重大变革，传统的职业和劳动方式也受到了新型产业和科技进步的影响。

2. 文化观念更新

时代变迁给人们的文化观念带来更新和变革。新的思潮、新的价值观念和审美观念不断涌现，挑战传统文化的局限性和保守性。例如，传统的道德规范和行为准则无法完全适应当代社会的多元化和开放性。

3. 技术革新的影响

科技革新和信息技术的迅速发展改变了人们的生活方式和交流方式，也对传统文化的传承和发展提出了新的挑战。传统的文化载体和传播方式难以与新型的媒体和传播技术相匹配，使得传统文化的传承面临着困境。

4. 环境变化带来的挑战

环境问题和资源匮乏等问题日益突出，这也对传统文化的传承和发展提出了新的挑战。传统文化往往与自然环境密切相关，但环境的变化导致传统文化的失传和衰退，需要寻求新的途径和方法来保护和传承传统文化。

（二）传统文化的保守性与创新的需求

1. 保守性的体现

传统文化往往具有保守性的特点，它强调对历史的尊重和传承。传统文化传承者往往倾向于保留传统的方式和形式，对新事物持保守态度。这种保守性使得传统文化的传承面临着僵化和固化的风险。

2. 创新的迫切需求

随着时代的变迁和社会的发展，创新成为一种必然需求。新的科技、新的思潮、新的文化形式不断涌现，我们需要与时俱进地进行传统文化的创新和发展，以适应社会的发展和人们的需求。

3. 传统文化与现代社会的冲突

传统文化的保守性与现代社会的创新需求之间存在矛盾和冲突。传统文化的传承者会对新事物持抵触态度，而现代社会的创新者则强调新的理念和方法，这种矛盾使得传统文化的传承和发展面临着挑战和困境。

4. 平衡传统与创新

传统与创新并不是对立的，而是需要相互融合和平衡。只有在传统与创新相结合的基础上，传统文化才能得到有效传承和发展。

第二节　文化保护与文化创新的平衡

一、保护与创新的微妙平衡

（一）文化保护的方式与手段

随着全球化的加速，传统文化在现代社会中面临着严峻挑战。文化保护的必要性在于尊重和保存传统文化，以维护文化的连续性和独特性。传统文化是一个国家、一个民族的精神财富，它蕴含着历史、地域、民俗等丰富的内涵，是民族认同感和文化自信的重要来源。

文化保护的方式与手段多样而丰富，以应对传统文化的保护与传承需求。

1. 制定相关法律法规

这些法律法规通常包括文化遗产保护法、非物质文化遗产保护法等。这些法律法规可以规范文化遗产的保护和管理，明确相关部门的责任和义务，以及保护措施的具体内容，还可以为文化保护提供法律保障，明确保护的范围和标准，从而有效地防止文化遗产的破坏和滥用。

2. 建立专门机构进行保护和管理

这些机构负责文化遗产的保护、管理和传承工作。它们承担着收集、整理和保护文化遗产的责任，负责组织开展相关的保护活动和研究工作，以促进文化遗产的传承和发展。这些机构的建立不仅有助于集中资源进行文化保护，还能够提高保护工作的专业性和效率，推动文化遗产的可持续发展。

3. 开展文化遗产的保护与修复工作

文化遗产的保护与修复涉及古迹、遗址、建筑等多个方面，需要进行系统的调查和评估，制订科学合理的保护方案，并采取相应的保护措施和修复工作。这项工作旨在保护和修复文化遗产的物质形态，延续其历史价值和文化意义，使之得以传承和弘扬。

4. 加强文化教育和传承

文化教育可以通过学校教育、社会教育等渠道，向公众普及文化知识，提高文化素养和认同感，增强对传统文化的尊重和保护意识。同时，加强传统文化的传承工作，通过文化节庆、传统技艺传习等形式，使年青一代能够了解、传承和发扬传统文化，从而实现文化的持续传承和发展。

（二）创新的驱动力

1. 文化创新的重要性

文化创新是推动社会进步的重要引擎。创新不仅是对传统文化的延续，更是为其注入新的生命力，使之更具活力和吸引力。

2. 文化创新的内涵与形式

文化创新包括技术、顶层设计、思想等多个方面的创新。在技术层面，数字化、虚拟现实等新技术为传统文化的传播和表达提供了新的途径；在顶层设计层面，文化产业的发展模式需要不断创新，探索符合市场需求的新结构和新机制；在思想层面，文化创新要求我们对传统文化进行深度反思和再创造，以适应当代社会的需求。

3. 文化创新与文化产业

文化创新是文化产业发展的重要动力。文化产业作为现代经济的重要组成部分，需要不断创新以适应市场需求。文化创新为文化产业的发展提供了源源不断的动力，促进了文化产业的蓬勃发展。

4. 文化创新与社会进步

文化创新不仅推动了文化产业的发展，也对社会进步产生了积极影响。文化创新使人们可以更好地理解和把握时代的脉搏，促进社会的进步和发展。

二、成功案例展示

中国传统建筑技艺在现代城市化进程中面临严重威胁，但在传统技艺中融入现代工艺、绿色建筑理念可以成功保护传统建筑文化，实现保护与创新的平衡。笔者以北京金隅琉璃文化创意产业园项目改造更新为例，分享由企业牵头、多方合力，融合绿色低碳发展措施，盘活闲置资产，实现了集琉璃保护性生产、非物质文化遗产传承推广、相关产业创意研发基地于一体的中国琉璃文化创意产业园区的项目实践，以期为同类老工业厂区的更新改造提供参考。

（一）设计之初的思考

金隅琉璃文化创意产业园地处北京西山永定河文化带枢纽位置，是西山古道进京的咽喉之处。产业园拥有始建于 1263 年的皇家官窑，窑火燃烧 700 余年不熄，这里也是中华人民共和国成立初期人民大会堂等新建筑琉璃砖瓦制品的烧制厂。近年，故宫、天坛、颐和园大修所用的琉璃瓦就出产于此。

追溯历史，琉璃窑厂建于元初，作为城内（今北京和平门外琉璃厂）琉璃窑的分厂。明代在村内设立琉璃局（琉璃渠村因而得名），隶属于内官监，营建北京宫殿的大量琉璃砖瓦和构件，有一部分即由此琉璃窑厂烧造。清乾隆时期，因生产污染原因，城内的琉璃窑厂被搬迁至此与村内窑厂合并，此后这里成为京城琉璃瓦的主要烧制地。1949 年后先后经历了合伙股收归国有、区管、划归故宫博物院、企业改制，2013 年因矿山治理和环保要求以及城市规划定位等因素影响，在为故宫大修烧制出最后一批琉璃制品后窑火熄灭，工厂停产。

设计团队怀着对历史、文化、生态的敬畏，对琉璃这一优秀中华传承的崇仰，2020 年冬季初次走进琉璃渠村踏勘现场摸排情况。琉璃在村民的日常生活中随处可见，村口的琉璃牌坊，街巷中的过街楼，美化道路的琉璃花钵，村头绿地的琉璃花墙，厂门外广场的琉璃墙壁，各家民居屋顶的彩色琉璃瓦和屋脊兽……村内古老的御窑让整座村子遍布琉璃斑驳艳丽的色彩，充满厚重的传统气息。

走进厂区，在一片荒废的旧厂房之间，设计师们细致搜寻，感知曾经繁忙的生产场景和工艺流程的历史痕迹。此时的园区整体荒芜，房屋建筑破损严重，大量精美的琉璃制品被随意堆置在泥土杂草中。传承琉璃工艺的老师傅们拥挤在狭小的空间里工作，半成品堆满脚下，可见，他们仍坚守执着的工匠精神。据非遗传承人赵长安讲述，在工厂停产的几年中，老师傅们走进校园和社区，为让更多人认知和亲手体验琉璃这一传统技艺的瑰宝做出了很多努力，希望下一代能接受并喜爱琉璃，将这一传统工艺传承下去。

（二）多方合力为场地赋能

厂区更新项目通常涉及改造复杂的已有条件，需要综合考虑各方利益并梳理场地的文化传承内核。在这个过程中，设计团队需要尊重历史文脉遗存，留存场地记忆，并确保生产功能的顺利进行。地方政府希望在符合政策法规的前提下，保护非遗传承并促进绿色生态发展，将古老的皇家御窑打造成具有区域引领性的示范项目。同时，使用方希望保留传统的烧造工艺技术，确保生产的产品质量与故宫历史建筑上的琉璃制品一致。而业主则希望在厂区改造更新后能够实现复工复产，提升园区附加值，带动产业良性运转。

在这样的背景下，设计团队与各方力量共同努力，提出了一系列可行的解决方案。设计团队分析厂区的历史文脉和用地条件，协调各项专业因素，保持场地历史与未来发展的连续性，确保安全生产传统工艺的永续，对厂区内部空间进行全面规划，划定功能流线和空间范围。同时，设计团队还发掘了现有资源的提升利用价值，对安全隐患进行清除，并珍视历史遗存。设计团队为增加园区的附加值，还研究了赋能增值的方式，提出了多种比选方案。

设计团队还深入了解厂区的历史经历，向老师傅们了解多年来的工作生活情况，掌握基础设施条件，梳理隐蔽工程，以确保园区能够长期运营。在保障琉璃技艺传承生产功能的同时，设计团队对厂区的现状进行分析，通过合理组织室内外场地，为生产运转留出必要的空间。同时，他们还摸排了具有历史文化价值的元素，如废旧老窑和烟囱，并制订了修缮计划。

设计团队还在项目中保留了具有历史文化价值的元素，如老旧工业厂房的主体墙和屋顶，以及大树等自然景观。他们通过合理组织室内外场地，确保生产运转所需的空间，并且积极利用现有资源为场地赋能，形成有品质的优美环境。同时，设计团队还将园区内的绿地划分为观赏型和功能型，以丰富多样的植物种类和景观设计，为未来的四季景观提供丰富多彩的场景，使参观者能够感知厂区丰富的历史文化氛围。

（三）构建多元活力园区

1. 泛博物馆概念

园区改造更新的初衷在于延续优秀非物质文化遗产的传承，并将其融入新时代的发展脉络中。在规划过程中，项目运营管理方与专项设计方密切合作，共同协调功能布局策略，提出了满足生产运维、展览展示、研学科普等多重功能叠加的流线设计。为了实现这一目标，园区在确保日常生产安全高效的前提下，特别圈定了可以进行科普展示的区域，向参观研学人员展示琉璃生产技艺，让更多人深入了解这项源远流长的非物质文化遗产。

在室内展区，通过丰富的光影设计打造生动场景，并结合厂区空地的集中利用，将展示内容串联成完整的故事脉络。同时，为了拓展参观者的人群范围，形成室内外的联结，与自然环境相融合，园区构想了一个“泛博物馆”的概念。一旦园区正式对外开放，承接的研学团队将通过参观展览、聆听非遗技艺传承人的讲解，以及参与实际制作等方式，深度感知中国传统非遗文化的技术与艺术成就，并亲身体验其魅力所在。

2. 主题与比重

在厂区改造中，琉璃这一非物质文化遗产所承载的官式琉璃技艺和琉璃文化成为核心主题。面对展示生产工厂环境中非遗作品的挑战，厂区规划了多重分布线索，通过串联起琉璃构件的展示，以丰富活跃的形式来呈现，其中隐藏着精心设计的逻辑章法。

首先展示琉璃非遗作品，需要明确琉璃技艺的传承和创新。园区通过展示官式琉璃技艺的传统工艺流程和技术特点，使观众能够了解琉璃作为一项具有悠久历史的非物质文化遗产所蕴含的精髓。同时，展示琉璃技艺在现代社会中的创新应用和发展趋势，突出其在当代艺术与设计领域的重要地位，体现其与时俱进的生命力和活力。

其次，园区通过展示琉璃作品背后的文化内涵和历史渊源，向观众传达琉璃文化所蕴含的丰富意义和情感价值。同时，挖掘琉璃文化在社会生活、民俗风情、艺术表现等方面的深远影响，展示其作为一种文化符号和精神载体的重要地位，引领观众深入探索琉璃文化的内涵与魅力。

最后，展示时需要注重展示方式的多样性和交互性。园区通过设计多种形式的展示场景，如实物展示、多媒体展示、互动体验等，使观众能够以多种感官和方式参与其中，增强展示的吸引力和趣味性。同时，园区通过设置解说员讲解、

DIY 体验活动等形式，激发观众的参与热情，使其能够更加深入地了解琉璃技艺和文化，增强参与感和亲近感。

厂区大门及对景山墙的龙凤影壁，采用保护修缮和现代框景构架安全防护的方式，形成门区主题突出的迎宾环境。改造工程以修复保留为主，用清水混凝土材质山墙造型为“画框”的手法展示，改造后的龙凤壁以简洁现代的方式呈现其艺术特色。现在，这里成为拍照留影的首选背景。

入口场地西侧的镜面水景，映射出厂区焕发的新生，不锈钢板水池花木与更新后的建筑相呼应，是动与静的结合、材料与时代的碰撞，融合于园区的整体风格中。水景观也为以火为主线的厂区增添了灵秀之美。建筑窗下空间叠放造型颜色统一的板瓦，使建筑外墙装饰独具特色；将坩子土堆放空间集中到距离生产车间更便利的棚架内，避免对公共环境造成干扰；厂房与研学民宿之间的林下绿地，东侧可以做影像放映等交流场地和小型会场，提供室外聚会和科普教育的生态型场所，在放松自在的草坪之上论道苍野，体会空间与时间的对话。

3. 园区改造的目标

园区改造的目标是将历经千年的琉璃传统技艺更好地融入百姓的生活中。为实现这一目标，园区采取了空间融入式的展示陈列方式，通过展示原型尺寸单体和缩小比例印象的琉璃作品，并将它们分设在室内外多个展区中。观看者可以从不同的角度欣赏琉璃作品，如仰视、平视、俯视、拼接、光影等，以及无限遐想，从而更全面地了解琉璃的魅力。此外，厂区内外的展陈与场地环境相融合，形成了一体化的展示空间。

针对建于不同时期的多个单体建筑，设计团队选取太和殿原尺寸的脊兽和龙爪槐作为连续点状符号，将这些建筑进行整合串联，形成景观大道。太和殿屋顶上的屋脊兽被拉近到人视尺度后，展现出其工艺精湛和雄伟的体形，同时展示了其独特造型，为整个场地增添吸引力。

同时，绿地被设计为主题背景，容纳了多种使用场景。最终实施的展陈方案将现代构架与传统板瓦相结合，展现出飘逸的效果，为传统构件带来了全新的呈现。

素烧窑旁的烟囱是厂区的最高建筑，园区以此作为中心，在地面扩展同心圆，并将周边空间编织成丰富的功能区，包括研学、展示、餐饮和住宿等。隧道窑旧厂房和素烧窑内外空间则成为传统非遗展示与现代生活方式交织的场所。游客可以用一杯咖啡的时间来体验千年琉璃的璀璨。

4. 弹性空间预留

当今的城市发展和老旧厂区更新需要适应未来社会发展的现实挑战。随着城市发展定位、规划、环保、文物等部门提出更高的要求，历史悠久的老厂区需要更新以适应不断变化的生活方式和社会需求。因此，今天的建设不仅要着眼于实体空间的营造，还要考虑如何引发虚体空间的能量，为未来留出持续生长的可能。

例如，新厂房北侧的草坪被规划为成品堆放区，但由于生产和外运时间差异，储存量经常发生变化。为了更好地利用这一空间，设计团队采用了参数化分组叠放的形式，将散置在杂草间或隐藏在库房内的成品收集起来，形成动态更新的空间布局。更新后的大草坪成为展示场所，展现出丰富的机理变换，阳光照射下的光影变化与现代建筑材质的墙面形成对话，呈现出历史与未来相融合的场景意境。

为促进传统工艺的延续，设计团队保留了古法烧制琉璃的传统工艺，特别是在故宫研究团队的强烈要求下，在倒焰窑的修复过程中，保留了传统柴火烧制的生产工艺，并新增了碳中和处理设备，以实现“双碳”措施，满足新时期的环保标准。西侧的窑口被设计为展示环节，使倒焰窑烧制与展示功能相结合。同时，厂房等屋顶广泛铺设太阳能板，推动了清洁能源的利用。

城市生态环境建设的总体战略带动个体的发展。对城市发展建设的要求和绿水青山思想的贯彻落实，促使老工业厂区变身为花园式新园区。建设过程中被精心保留的大树和新植入的植物形成了丰富的绿量。从空中俯瞰，厂区与周边山水环境相融合，呈现出生机勃勃的景象。

（四）窑火不熄更新永续

许多蕴含着文化精髓、具有传承价值的非物质文化遗产都还未被真正被释放。因此，城市总体规划必须坚守文脉传承，从点滴处着手，成为非物质文化的传播者、践行者和弘扬者，这是一项艰巨而又具有深远意义的任务。

在故宫博物院、北京市文物局、北京市门头沟区人民政府以及业主方的共同努力下，琉璃文化创意产业园于 2023 年 2 月正式开园。产业园以“官式琉璃技艺”和“琉璃文化”为核心，利用琉璃窑厂，共同打造国际一流的文化创意园。如今，产业的新发展模式促使这处古老的琉璃窑厂恢复了研究型生产，传承着皇家琉璃技艺，并且转变为真正属于人民的城市资源。园区的建设进一步走近了百姓生活，使国家级非物质文化遗产更加为广大人民群众所认知。

园区的生产环节保留了传承千年的煤窑烧制工艺，并与故宫博物院共同建立了琉璃研究与保护中心，搭建了专家与非遗琉璃烧制技艺传承人对话的平台。这一举措不仅推动了琉璃文化技艺的传承和展示交流，也为国际交流和行业活动提供了新的平台，同时带动了周边乡村经济的协同发展，延展出丰富的非遗研学、文化旅游和非遗文创衍生开发等内容，进一步盘活了非遗资源。

第三节　创新对传统文化的影响

一、创新在传统文化中的渗透

（一）创新思维方式的引入

创新思维方式的引入是传统文化面对现代社会挑战时的重要应对策略。随着社会的不断进步和科技的迅速发展，传统文化需要与时俱进，以适应当代社会的需求和变化。在这一背景下，创新作为一种思维方式和行动方式，正逐渐渗透到传统文化的各个方面，为传统文化注入了新的活力和动力。

传统文化面临着多重挑战，包括来自现代化进程的冲击、文化多样性的挑战以及年青一代对传统文化的日益淡漠等。为了应对这些挑战，传统文化开始尝试采用新的创新思维方式，以适应不断变化的环境和需求。例如，在传统书法艺术领域，越来越多的艺术家意识到传统书法需要与现代社会相结合，因此，他们开始尝试结合现代社会的审美趋势和表达方式，创作出具有时代特色的书法作品。这些艺术家通过融合传统书法技法与现代艺术元素，创作出既传承了传统文化精髓，又具有现代时尚感和艺术价值的作品，为传统文化的发展注入了新的活力。

创新思维方式的引入不仅体现在艺术创作领域，还涉及传统文化的其他方面，如文学、音乐、戏曲等。传统文化通过引入新的创新思维方式，得以与时代接轨，与现代社会进行对话和交流，更好地适应当代社会的需求。这种创新思维方式的引入，不仅为传统文化的传承与发展提供了新的思路和途径，也为传统文化的传播和弘扬开辟了新的空间和可能性。

（二）技术创新的应用

技术创新的不断发展和应用为传统文化的传承和发展带来了新的机遇和挑战。在传统音乐领域，技术创新的应用尤为突出。传统音乐作为一种悠久的文化遗产，承载着丰富的历史和文化内涵，然而，随着社会的不断进步和时代的变迁，传统音乐也需要与时俱进，以吸引更广泛的听众群体，继续传承发展下去。

在这一背景下，一些音乐家和音乐制作人开始利用现代录音、混音等技术手段对传统音乐进行重新演绎和编排。他们应用技术创新，可以将传统音乐与现代音乐制作技术相结合，创造出新颖且具有时代特色的音乐作品。例如，他们可以利用数字音频处理软件对传统乐器的音色进行调整和优化，使其更加贴近现代听众的审美趣味。同时，他们还可以借助现代录音设备和混音技术，对传统音乐进行重新录制和混音，以提高音乐作品的音质和表现力，使其更具吸引力和感染力。

除了音乐制作技术的应用外，技术创新还为传统音乐的传播和推广提供了新的途径和平台。随着互联网和数字媒体的普及，传统音乐可以通过在线音乐平台、社交媒体等渠道传播到全球各地，吸引更多听众的关注和参与。传统音乐通过技术创新的应用，可以跨越时空限制，实现全球化传播，使更多的人了解和欣赏传统音乐的魅力，推动传统音乐的传承和发展。

二、推动传统文化与当代社会的对话

（一）结合现代社会需求

创新是传统文化与当代社会进行对话和交流的重要推动力之一。在面对社会发展和文化多样性的挑战时，传统文化必须与时俱进，以适应当代社会的需求并保持其活力与生命力。传统文化通过结合现代科技、社会现实等因素，不断进行创新和更新，并与当代社会产生共鸣，可以得到更广泛的认可和传播。

在当代社会，人们对文化的需求不断发展和变化。传统文化需要与时代潮流相结合，创造出能够满足人们精神文化需求的新形式、新内容。例如，在文化娱乐领域，随着互联网和移动通信技术的飞速发展，人们获取信息和娱乐的方式发生了巨大变化。传统文化可以借助新兴的媒体平台和数字技术，创造出更加多样化、富有创意的文化产品，吸引年轻人和新一代观众的关注。这包括数字化展览、在线文化课程、虚拟文化体验等形式，使传统文化更贴近现代社会的生活和需求。

另外，传统文化也需要关注当代社会的核心问题和价值取向，与时代精神相契合。例如，面对环境保护和可持续发展的重要性，传统文化可以强调生态文明和人与自然的和谐共生，通过传统文化的智慧和理念，为当代社会提供可持续发展的思路和方法。同时，传统文化也可以关注社会公平、文化多样性、民族团结等当代社会价值，通过文化创意产业和公共文化服务，促进社会和谐稳定，推动社会进步和发展。

（二）引入新的表达方式

在与当代社会的对话中，传统文化开始尝试引入新的表达方式和形式，以更好地适应当代观众的审美需求和欣赏习惯。这种尝试不仅是为了传统文化的传承和发展，也是为了传统文化在当代社会中的生存与活力。

传统文化中的一些经典剧目，如传统戏曲，在现代舞台艺术的表现形式和手法下，正在经历一场新的演绎与诠释。传统戏曲以其独特的表演形式和丰富的文化内涵，是中国传统文化的重要组成部分。然而，在当今社会，随着社会发展和文化传播方式的改变，传统戏曲面临着新的挑战，如年轻观众的流失和观众审美的变化。

为了应对这一挑战，传统戏曲开始尝试引入新的表达方式和形式。一方面，传统戏曲剧目在演出过程中融入了现代舞台艺术元素，如舞台设计、服装造型、灯光效果等。这些现代元素的融入使得传统戏曲在视觉上更加丰富多彩，更具时代感和观赏性，受到更多年轻观众的关注和喜爱。

另一方面，传统戏曲的剧本和演出形式也在不断进行创新和更新。一些戏曲剧目在保留传统文化精髓的基础上，融入现代社会的元素和话题，使得剧情更具有现实意义和时代感。同时，一些戏曲演员也在表演技艺上进行了创新和提升，通过更加生动饱满的表演，使得传统戏曲更贴近当代观众的情感和生活经验。

第四节　传承中的创新策略

一、传承中的创新实践策略

（一）教育体系的创新

建立灵活多样的教育体系，不仅可以传承传统文化的精髓，同时也能培养新一代具有创新意识的传承者。传统文化通过融入现代教育理念，得以更好地传承和发展。

（二）社区民众参与的创新

社区民众通过参与社区活动、庙会等形式的活动，促进传统文化的互动与更新。社区民众参与的创新可以增强传统文化的影响力，使其更好地融入当代社会。

二、成功案例分析

中国为推动非物质文化遗产的数字化传承，建立了一系列在线平台。人们通过虚拟体验、在线展览等方式，了解和参与非物质文化的传承。这一创新策略使非遗更好地适应了数字化时代的发展需求。陕西华县皮影作为国家首批非物质文化遗产名录项目，具有极高的民俗、艺术、社会、史学等价值。但在各种现代文化样式的冲击下，华县非遗的保护与传承面临着严峻的考验。案例通过分析华县皮影在保护与传承过程中所存在的问题，提出解决问题新思路。

（一）非物质文化遗产与华县皮影

皮影，又称傀儡戏或灯影，是中国传统戏曲形式之一。在华县地区，皮影被称为碗碗腔皮影戏（曾名时腔）。华县皮影戏作为中国乃至世界上最古老的汉族民间艺术之一，展现了汉族民间工艺美术与戏曲的巧妙结合。其历史悠久，可追溯至中国汉代，随后在唐宋时期较为兴盛，明清时期更是达到了鼎盛阶段。虽然皮影最初源自宫廷，但自唐代开始，已广泛传播于民间，并逐渐成为一种受欢迎的民间娱乐形式。近年来，华县皮影更是因其独特魅力和丰富内涵而获得了诸多荣誉和认可。

作为一种民间艺术形式，皮影戏在华县地区得到了独特的发展。华县皮影以其精湛的制作工艺和独特的表演风格闻名于世。制作皮影的工艺非常繁琐，需要经过选料、雕刻、上漆、制作皮影剪影等一系列工序，每一个环节都需要工匠的精湛技艺和细心打磨。而在表演方面，华县皮影以其形象生动、内容丰富的特点，赢得了众多观众的喜爱。演员们运用巧妙手法，将皮影操纵得灵活自如，使其栩栩如生地展现出各种人物形象和情节，使得观众仿佛身临其境，沉浸在戏剧的世界。

华县皮影戏不仅在传统上承载着丰富的文化内涵，更在现代社会中焕发出新的生机和活力。随着时代的变迁和社会的发展，华县皮影积极融入当代生活，通过创新表演形式和内容，吸引了更多年轻观众的关注。同时，华县政府和相关部门也采取了一系列措施，加强对皮影文化的保护和传承，包括设立皮影艺术研究机构、举办皮影艺术展览和比赛、推动皮影文化的非遗保护等，进一步推动皮影艺术的传承和发展。

（二）华县皮影的特点与价值

1. 陕西华县皮影的特点

陕西华县皮影有四绝：一是皮影制作工艺精良。华县皮影是由牛皮雕刻而成，选用皮质优良，形象写实；二是表演能力强；三是演唱功力深，演唱者选用碗碗腔，生旦净丑各种角色，均由一个人演唱完成，唱功水平高超；四是团体合作能力很强，由五人组成一个演出团体，通过演唱和对白形式，配以挑线、二弦、板胡、月琴、碗、锣等乐器。华县皮影博大精深，被称之戏曲艺术的精华。陕西华县皮影人物造型通常由 6~11 个部件组成,用琴弦相连,背部有操纵杆。将头顶(头部）和桩子（身段）区分组成，操作灵活多变，设计上多采用平面二维造型，外轮廓则以侧面形象呈现“整体美”,其主要特点是横向移动、具有较强的轮廓特点。影人的头部造型中面部造型多采用“五分脸”，也就是正侧面。

相较于人物造型的写实美观，衬景道具类皮影通常由整张牛皮雕刻，即一张皮、一出戏、一场景。一般表现为大环境、大场景，起着点缀环境、烘托人物和深入剧情的重要作用。因在影戏中表现形式多受屏幕二维空间的限制，影人在设计造型时通过巧妙构思采用平远构图手法，以近、中、远景使场面具有三维立体效果。衬景类分为亭台楼阁、将相帅府、金銮宝殿、书苑庭楼等。皮影道具种类更为繁杂，室内陈设、车马船轿、旗伞仪杖、飞禽走兽等。各式道具陈设会根据故事情节、空间布局灵活摆放，在戏剧舞台上可达到以假乱真的效果。

2. 皮影自身的价值

华县皮影作为一项具有深厚历史和文化底蕴的民间艺术，其自身具有多重价值，包括实用价值、市场经济价值以及学术研究价值。

（1）实用价值

作为一种传统的民间艺术形式，皮影蕴含着丰富的历史信息，是研究民俗、文学、美术、音乐等方面的重要资料和“活化石”。人们通过欣赏和学习皮影艺术，可以了解古代社会的生活场景、价值观念和审美情趣，对于文化传承和历史研究具有积极意义。

（2）市场经济价值

由于其线条生动形象、造型精巧别致，皮影具有一定的观赏和收藏价值。在市场上，华县皮影作为一种具有独特魅力和文化内涵的工艺品，备受收藏家和艺术爱好者的青睐。人们可以通过购买和收藏皮影作品来丰富生活，装饰家居，展示个性。

（3）学术研究价值

华县碗碗腔皮影戏作为较古老的戏曲艺术形式之一，具有重要的文化历史价值和戏剧研究意义。对于华县皮影的抢救、挖掘、保护和整理，不仅有助于丰富文化资源,还可以为戏剧活动和戏剧理论研究提供科学的依据和宝贵的参考资料。我们通过对华县皮影的深入研究，可以更好地了解中国传统文化的精髓和魅力，推动其传承和发展。

（三）华县皮影的保护现状

1. 政策法规方面

《陕西省省级非物质文化遗产项目代表性传承人认定与管理办法》等政策性文件的出台，极大地推动了陕西华县非物质文化遗产的保护传承与产业化发展，为其皮影制作技艺的保护和发展奠定了发展基础。

2. 非遗保护研究方面

华县组织专业人员融入皮影保护工作中，成立了“非物质文化遗产研究保护中心”，调整充实了“华县皮影艺术协会”组织机构和专业工作人员，整合了旧有以皮影雕刻为主的文化产业结构，使皮影文化迈向有序合理的发展阶段。

（四）华县皮影发展中存在的问题

1. 皮影作品制作难度大，保存较困难

皮影作品精雕细琢、刻工形象细腻，工艺复杂。皮影制作常需经过制皮、描样、雕镂和上色等二十余道工序，且成品保存条件苛刻，会出现褪色及变形等问题，致其损坏。

2. 皮影传承后继乏人

皮影制作人和皮影表演艺人生活都十分艰苦，大部分表演艺人如今已年事已高,皮影传承后继乏人。皮影演出的剧目剧本、乐器流失。皮影戏剧本都是手抄本，目前华县留存下来的手抄本只有 60 多本，而且随着表演艺人的相继去世，很多剧本正在急速失传。

3. 传承人权益受损，过度商业化、利益化

华县皮影传承与保护的过程具有逐利性特征，企业往往追逐自身利益最大化而降低制作成本，选用劣质的制作材料，这在一定程度上影响了华县皮影的名誉，侵犯了相关企业、传承人的名誉权。机器生产加入皮影的制作中来，市场价格比手工低几倍，给传统手工皮影制品带来很大冲击。传承人因过低的补助不能有效支撑日常生活，或被迫转行，致使这项技艺无法传承。

4. 社会环境存在的问题

目前，皮影市场面临着逐年萎缩的问题，其主要受众以老年人和少数年轻人为主，这导致皮影传承发展缺乏动力。一方面，皮影戏的腔调主要采用传统戏剧碗碗腔；另一方面，剧目的台词以古文言文对白为主，难以让现代人产生共鸣。同时，皮影戏的情节进展缓慢，使得它难以普及和推广。

（五）华县皮影的保护传承对策与发展新思路

1. 加大政府对皮影传承的支持力度

为了营造良好的皮影产业发展氛围和外部文化环境，有关部门应该全面调动公众的参与性、积极性和创造性。

首先，有关部门可以制定专项政策法规，针对皮影传承发展制定相应的政策措施，包括皮影传承人的认定政策、奖励政策、监督政策、鼓励政策及优待政策等，从而促进皮影传承工作的科学化和稳定性。

其次，为了使皮影更好地适应市场的需求，有关部门可以设立华县皮影文化产业链发展扶持基金，鼓励和扶持发展皮影动漫产业与皮影创意文化产业，以更好地满足社会的需求。

最后，有关部门还应该对皮影的演出班社、皮影产业链相关企业进行产业性发展扶持，为他们提供资金、政策和技术支持，推动皮影产业的健康发展。

2. 加强皮影自身的品牌塑造和市场宣传

为加强皮影自身的品牌塑造和市场宣传，有关部门需要采取一系列措施，促进皮影传承与保护发展相结合，提高皮影作品质量，创新皮影产品的形象，实现华县皮影的跨越式发展。一是有关部门应加大科技力量的支持力度，使皮影动画数字化，吸引更多年轻观众的关注。二是有关部门要推广皮影产学研相结合的发展模式，为皮影的发展提供智力支持，推动皮影文化产业的规模化和海外传播。同时，有关部门还应促进皮影海外化推广进程，将皮影艺术形式与市场需求相结合，开拓更广阔的市场空间。基于华县皮影丰富的文化积淀，有关部门还需整合各类资源，加强皮影文化产业基地建设，推动产业专业化向服务专业化方向迈进，促进华县区域经济的发展，推动皮影文化产业的健康发展。

第五章　数字化时代下的文化传承

第一节　数字技术与文化传承

一、文化数字化档案与保护

（一）建立数字档案

1. 利用数字技术保存文学作品

传统文学作品是一个民族的精神财富，然而，随着时间的推移，纸质文献会逐渐腐化或丢失。数字技术可以将传统文学作品以电子的形式保存下来，包括古籍、经典著作等，从而实现对这些文学作品的长期保护和传承。

2. 数字化保存艺术品

艺术品如绘画、雕塑等也是文化遗产的重要组成部分。传统的艺术品常常受到环境的侵蚀，数字化保存可以在一定程度上避免这种情况的发生。高清扫描技术和三维数字化技术可以将艺术品以高精度的数字形式保存，从而确保其原始风貌得以永久保留。

3. 数字化保存音乐文化

传统音乐作为文化遗产的重要形式之一，其保护与传承至关重要。数字技术可以将传统音乐作品进行录音、数字化处理，并建立音乐数字档案，以便后人学习和欣赏。同时，数字化音乐还可以通过互联网等渠道传播，扩大其影响力和传播范围。

（二）便利后代研究和学习

1. 提供便捷的文化资料获取途径

传统的文化资料通常存放在图书馆、博物馆等机构中，而数字化档案的建立使得人们可以通过互联网等途径随时获取这些文化资料。研究者和学习者可以通过在线数字档案访问平台获取所需的文化资料，节省了查阅时间和空间成本。

2. 利用数字化技术进行深度研究

研究者通过数字化技术，可以对文化资料进行数字化处理、数据挖掘和分析，从而发现其中的潜在规律和价值，找到更多的研究视角和思路。

二、虚拟展览与在线教育

（一）虚拟展览

1. 利用虚拟现实技术

虚拟现实技术是一种通过计算机仿真技术创造出的近乎真实的虚拟环境，使用户可以与之进行交互。在文化传承领域，利用虚拟现实技术可以实现文化遗产的虚拟展览。通过佩戴 VR 眼镜或使用 VR 设备，观众可以身临其境地参观文化遗产，如历史古迹、博物馆藏品等，感受其真实的历史氛围和文化内涵。这种虚拟展览不受时间和地点的限制，大大方便了观众的参观体验，促进了传统文化的传承和普及。

2. 实现文化遗产的数字化展示

除了虚拟现实技术外，数字化展览还可以采用数字化展示的形式，将文化遗产以数字化的方式呈现给观众。通过建立专门的在线展览平台或者利用社交媒体等网络渠道，展示文物、手工艺品、传统技艺等文化遗产，让观众通过电子设备进行浏览和学习。这种数字化展览形式不仅可以吸引更多的观众参与，还可以实现文化遗产的全方位展示，为传统文化的传承和保护提供了新的途径和手段。

（二）在线教育

1. 利用在线课程平台

在线教育平台如 Coursera、edX 等已经成为人们学习的重要渠道，传统文化也可以通过这些平台进行在线教育。各种形式的传统文化课程，如中国书法、民间音乐、传统绘画等，都可以在这些平台上找到。学习者通过在线课程，可以在家中学习到传统文化知识，大大节省了时间和金钱成本，这也提高了传统文化的传播效率。

2. 创新教学方式

在线教育还可以通过创新教学方式来提高传统文化的传承效果。比如，在线教育平台可以结合虚拟现实技术，为学习者提供更加直观、互动的学习体验；可以采用游戏化教学的方式，增强学习的趣味性和吸引力；可以设置在线讨论和互动环节，促进学习者之间的交流和分享。这些创新教学方式能够更好地激发学习者的学习兴趣，提高传统文化的传承效果。

第二节　虚拟现实与文化体验

一、虚拟现实对文化体验的改变

（一）虚拟博物馆与文化互动

1. 虚拟博物馆的建设

虚拟博物馆的建设是数字技术在文化领域的一大创新，为博物馆展示提供了全新的方式和体验。传统的实体博物馆通过虚拟现实技术，被数字化转化成虚拟空间。这种新型的博物馆展示方式具有许多重要的优势。

首先，虚拟博物馆的建设使得文物和展品能够以更加生动、逼真的形式呈现。文物的细节和特色通过数字化技术，可以被高度还原，并且以 3D 模型的形式展示给观众。观众可以通过计算机、手机或虚拟现实设备，近距离观察文物的每一个细节，甚至可以 360 度全方位地观察，感受到更加真实的展示效果。

其次，虚拟博物馆的建设使得参观博物馆的方式变得更加便捷和灵活。传统的实体博物馆可能受限于时间、空间等因素，观众需要前往实际场所才能参观。而虚拟博物馆则打破了这种限制，观众可以在任何时间、任何地点通过互联网参观博物馆，大大提高了参观的便利性和灵活性。

最后，虚拟博物馆的建设还可以实现文物的数字化保存和传播。传统的文物保存会受到自然环境等因素的影响，而数字化的文物可以永久性地保存在网络空间中，不受时间和空间的限制。这样一来，文物的传承和传播也得到了更有效和广泛的推广。

2. 沉浸式文化体验

虚拟博物馆提供的文化体验是一种沉浸式体验，它通过虚拟现实技术将观众带入一个仿真的虚拟环境，使他们能够置身于历史场景中，并与文物进行互动。观众通过虚拟博物馆的平台，可以以自己的步调，随意地探索展厅、观赏文物，近距离观察文物的细节，并了解其历史背景和文化内涵。例如，在虚拟博物馆中，观众可以点击特定的文物，系统将提供详细的介绍和相关的历史背景，让观众更加深入地了解文物的来历和意义。此外，虚拟博物馆还提供了互动环节，观众可以参与各种互动活动，如解谜游戏、文物拼图等，与其他观众进行交流和分享。

这种沉浸式的文化体验不仅使观众更加深入地了解和体验传统文化，还增强了观赏的乐趣和参与感，使观众在参观过程中能够更加投入和享受。因此，虚拟博物馆提供的沉浸式文化体验成为传统博物馆无法比拟的新型展示方式，为观众带来了全新的参观体验，促进了文化传承和交流的发展。

（二）文化遗产的数字复原

1. 技术手段与文化遗产的数字化复原

虚拟现实技术的发展为文化遗产的数字化复原提供了强大的技术支持。激光扫描、三维建模等数字化技术的应用，可以精确地重现失传的文物、建筑或文化场景。这种数字化复原不仅能够高度保护文化遗产，还能够为观众提供更直观、生动的文化体验。

首先，虚拟现实技术的激光扫描能够精确地获取文物的三维数据：将激光扫描仪置于不同的角度和位置，可以获取文物表面的各个细节和形态。这些数据可以被转化成数字化的模型，再通过计算机软件进行处理和优化，最终呈现出高度精确的文物复原图像。这种技术手段可以避免文物在复原过程中受到损坏，同时也尽可能地还原文物原本的外观和结构。

其次，三维建模技术可以将获取的文物数据转化成虚拟三维模型。这种模型不仅可以在计算机上进行展示和观赏，还可以在虚拟现实环境中进行互动体验。观众可以通过虚拟现实设备，如头戴式显示器或手持式设备，沉浸式地体验文物的细节和特点，从而更加深入地了解文物的历史和文化内涵。

最后，数字化复原还可以扩展文化遗产的传播渠道和范围。将文物的数字模型上传至网络平台或移动应用程序，将其在全球范围内进行展示和分享。观众无须前往博物馆或考古遗址，即可通过互联网平台进行虚拟参观和学习，从而推动文化遗产的传承和普及。

2. 提供更直观的体验

虚拟现实技术复原文化遗产，使得观众能够以更直观的方式体验文化遗产。观众通过虚拟现实设备，如 VR 眼镜或头戴式显示器，沉浸式地体验重建的文化遗产。这种直观的体验不仅增强了观众的参与感和乐趣，也有助于加深他们对传统文化的理解和认识。

在虚拟现实环境中，观众可以逼真地感受到文物的外观和氛围。高清晰度的数字模型和逼真的场景重建可以让观众近距离观察文物的细节，如雕刻、纹饰等，从而使其更加深入地了解文物的历史和文化内涵。例如，观众可以在虚拟博物馆中参观古代建筑的复原模型，感受到历史建筑的壮丽气势和精湛工艺。

此外，虚拟现实技术还可以提供交互性的体验。观众不仅可以被动观察文化遗产，还可以通过手势识别、体感控制等技术，与文物互动，如触摸、移动等。这种交互性的体验不仅增强了观众的参与感，也激发了他们的学习兴趣和探索欲望，促进了对传统文化的传承和发展。

二、实际案例展示

目前，许多地区和组织已经开始利用新媒体技术进行非物质文化遗产（非遗）的保护与传承。中国国家非物质文化遗产网站是一个重要平台，它为非遗项目提供了在线展示和推广的渠道。根据该网站的数据，已有数千个非遗项目通过该平台进行了展示，观众数量也在不断增加。此外，一些民间机构和非营利组织也积极利用社交媒体平台，发布视频、图片和文字等内容，向公众介绍非遗项目，以吸引更多人的关注和参与。

（一）新媒体时代非遗保护与传承面临的机遇与挑战

1. 新媒体时代非遗保护与传承面临的机遇

在传统媒体时代，媒体的曝光可以提升非物质文化遗产（非遗）作品的社会知名度和认知度。然而，随着新媒体的兴起，非遗作品的曝光量迅速增加，并且新媒体技术也为非遗作品的销售渠道拓展提供了新的机遇。通过双屏互动、链接跳转等方式，观众可以在观赏非遗作品的同时直接购买，实现了即看即买的便捷体验。传承人可以利用新媒体技术展示其独特的作品，而消费者则可以通过新媒体技术实现个性化定制，进一步促进了传统手工艺品与现代生活相融合。因此，新媒体技术的应用为非遗作品的销售和传承带来了新的动力和机遇。

2. 新媒体时代非遗保护与传承面临的挑战

在新媒体时代，非物质文化遗产（非遗）的保护与传承面临着诸多挑战。首先，随着现代化进程的加速和外来文化的冲击，传统手工艺生产方式、社会关系和乡土文化逐渐消失。现代工业的发展也改变了人们的生活方式和需求，使得一些基于传统手工艺的非遗产品逐渐失去市场，面临被淘汰的风险。在这样的背景下，利用新媒体活化非遗形态成为必然选择，但同时也对非遗产品设计、生产流程和外观形式等方面与现代生活接轨提出了更高要求。

其次，社会对非遗的认知不足也是一个重要问题。根据《2018 年中国互联网用户非遗认知与需求调研报告》，大部分人对非遗的认知仅停留在基本概念层面，对于非遗传承人和非遗活动的了解相对较少。这种社会认知不足将进一步加剧非遗传承的困境，尤其是在非遗传承人老龄化趋势明显的情况下，年轻人对于学习非遗技艺的兴趣不高，导致“后继无人”“人亡艺绝”的窘境。

（二）非遗保护与传承中的新媒体使用现状

1. 开设自媒体账号

目前，各地非遗项目和省级非遗保护组织纷纷开设自媒体账号，以微博、微信公众号等为主要载体进行非遗文化传播。以微信公众号为例，据调研统计，全国已有 19 个省级非遗保护机构开设了非遗专题微信号或相关栏目。然而，尽管自媒体账号的开设在一定程度上促进了非遗文化的传播，但实际情况却存在一些挑战。

第一，各个自媒体账号在发布频率和运营水平上存在较大差距。有些公众号的发布频率不稳定，内容更新不及时，导致用户流失；而一些账号的运营水平有限，缺乏专业性和深度，难以吸引更多读者关注。因此，相关组织需要对自媒体平台进行规范化和专业化建设，确保内容的质量和频次能够满足用户的需求，提高用户的黏性和活跃度。

第二，整体阅读量和点赞量并不高，相关服务运营也不够完善。自媒体平台虽然能够提供非遗相关内容，但是由于内容质量和推广不足，导致阅读量和点赞量不尽如人意。同时，缺乏相关的服务，如线上展览、线上购物等，使得用户的体验和参与度有限。因此，相关组织需要加强对自媒体账号的运营和管理，提升其服务水平和用户体验，促进非遗文化的更广泛传播和认知。

2. 短视频、直播进行影像传播

短视频和直播等影像传播方式在非遗传播中具有重要作用。这些新兴的传播方式能够将非遗文化以立体化、趣味化的形式呈现给观众，同时通过算法推荐技术，实现对用户的精准画像，满足其个性化和差异化需求。例如，2018 年 3 月 27 日，共青团中央宣传部在“世界戏曲日”通过抖音平台发起了“我要笑出‘国粹范’”的挑战。活动旨在向用户展示各种具有代表性的戏曲表演，吸引了大量用户的参与和关注。创新的视频内容能够引发用户对信息的再加工、评论和转发，迅速激发受众的兴趣，吸引更多人关注。

非遗文化通过短视频和直播等方式传播，变得更加生动、直观，使观众能够通过视觉和听觉等多种感官感受到非遗的魅力。短视频的时长短小、内容丰富，非常适合展示非遗项目的精华和亮点，吸引用户的眼球和注意力。而直播则为观众提供了与非遗项目互动的机会，他们可以通过直播平台实时与非遗传承人进行交流，了解其工艺技艺和文化内涵。这种互动性和实时性使得观众可以投入非遗传播的过程中，增强了他们的参与感和体验感。

另外，短视频和直播等传播方式也能够突破时间和地域的限制，使非遗文化得以实现全球范围内的传播。短视频和直播内容可以随时随地被观看和分享，使非遗文化的传播更加便捷和广泛。这种全球化的传播方式为非遗文化的保护和传承提供了新的可能性，有助于吸引更多的观众关注和参与。

3.“内容＋电商”的新模式探索

近年来，越来越多的艺术工作者和文化传承人开始关注非遗文化，并通过制作影视作品等方式将其呈现给大众。这些优质内容在传统媒体或新媒体渠道上得到了广泛传播，从而提升了非遗话题的关注度。特别是一些影视作品在新媒体平台上的传播，直接形成了话题引爆点，进一步推动了非遗文化的传播和普及。

随着新媒体技术的发展，影视作品不仅是内容的展示，还成为商业变现的重要手段。一些片方与非遗传承人合作，将影视作品与线上购买渠道打通，实现了商业变现。例如，《舌尖上的中国3》在播放中会出现相应非遗作品的购买链接入口，将观众的流量导入商业平台。这种模式不仅为非遗传承人提供了商业化的机会，也为影视作品的制作和推广提供了新的思路和渠道。

（三）新媒体时代非遗保护与传承的创新策略

1.依托“内容”形成引爆点

近年来，人们对非遗的讨论和关注在多次出现小高潮时几乎都与“优质内容”有密切关联。一系列备受瞩目的节目如《国家宝藏》《舌尖上的中国》《延禧攻略》等，都以优质内容为基础，将非遗文化融入其议题之中，通过构建立体的传播渠道，使得非遗文化得到了广泛传播。以《延禧攻略》为例，剧中展示的点翠、绒花等非遗技艺，凭借其千百年的积淀和独特气质，再度吸引了人们的眼球。同时，这些技艺通过公众号软文、微博历史知识图解、短视频等方式进行传播，成功形成了传播爆点。

因此，我们在对非遗进行传播与保护的过程中，无论采用何种方式，都应高度重视内容创作。即使采用门槛较低的方式，如写文章、发短视频等，也应该精心策划内容，突出所宣传的非遗文化的特质，通过创意的内容及互动，形成宣传的爆点。这意味着我们需要对非遗文化进行深入挖掘，寻找其独特之处，并将其巧妙融入内容创作中，以吸引更多观众的关注和参与。

2. 线上线下融合，进行“体验式传播”

在当前新媒体流量红利面临瓶颈的情境下，“体验式传播”成为一种新的趋势，该方式强调通过线下体验来反哺线上传播。尽管目前关于非遗的线下活动与展览以及体验项目的普及程度并不高，但研究表明，各种人群更倾向于通过旅游和实体店等线下方式来了解非遗文化。事实上，只有通过感官、情感、思想和行动上的真实体验，才能真正地理解和传递非遗文化的内涵。因此，我们可以采用“线上＋线下”的方式来开发完整的非遗体验项目，例如结合线上小视频拍摄与线下非遗技艺体验课程，甚至与旅行社合作，开发新媒体基因的非遗主题旅游目的地体验项目，这些都是促进非遗传播的有效方式。

非遗文化中包含丰富多彩的艺术内容和独特的审美价值，它有助于人们在传统与创新、个人与社会、个人与自然等关系中找到平衡，从而避免出现“单面人”和异化现象。在利用新媒体进行非遗保护与传承的过程中，我们必须注意避免简单地将现代技术与传统文化堆砌在一起，也要远离唯经济效益的功利心态和不适当的商业化倾向。相反，我们应该以认真的态度进行创新，同时寻找新的盈利模式。只有这样，才能让新媒体承载起古老的民族之魂，让非物质文化遗产得到更多的关注和喜爱，从而吸引更多人了解和学习非遗，促进非物质文化遗产的保护和传承进入良性发展轨道。

第三节　社交媒体与文化传播

一、社交媒体对文化传播的影响

（一）社交媒体作为文化传播平台

随着互联网的普及和社交媒体平台的兴起，文化传播进入了一个全新的时代。社交媒体平台成为人们分享文化观点、体验以及见解的主要场所。

1. 多样的内容形式

社交媒体的崛起为文化传播带来了全新的平台，其中最显著的特点之一就是内容形式的多样性。用户可以利用文字、图片、视频等多种形式的内容来表达自己对文化的理解和体验。这种多样性不仅让用户有更多选择，也使得文化传播更加生动和多元。文字能够以抒情、议论、描述等多种方式展现文化内涵，为用户提供更深入地理解文化的机会。图片以静态的形式捕捉瞬间的美感，通过色彩、构图等元素传达文化的情感和氛围。视频则更具有沉浸感，通过声音、画面和动态效果将用户带入文化场景，使他们能够身临其境地感受文化的魅力。这种多样的内容形式使得文化传播变得更加具有吸引力和趣味性。用户可以根据自己的喜好和需求选择适合的形式来表达和分享，从而使文化传播更加丰富和多元化。同时，这种多样性也促进了用户之间的交流和互动，不同形式的内容可以相互补充和呼应，产生更加丰富和多维的文化共鸣。因此，社交媒体作为文化传播平台的多样内容形式不仅丰富了用户的文化体验，也推动了文化传播的进程，为文化的传承和发展注入了新的活力。

2. 互动和交流

社交媒体作为文化传播平台，其最显著的特点之一是提供了用户之间互动和交流的机会。用户通过社交媒体平台，可以轻松地与他人进行沟通、交流和互动，从而产生文化共鸣。这种互动和交流的方式主要包括评论、转发、点赞等多种形式。用户可以对他人发布的内容进行即时的反馈和回应，表达自己的看法、观点或感受。用户可以将自己喜欢的内容转发给关注者，从而扩大内容的传播范围，引发更多人的关注和讨论。用户之间的信息流动得以加速，文化内容得以更广泛地传播和分享。

3. 文化传播的便捷性

传统的文化传播方式，如书籍、报纸、电视等，通常需要用户前往特定地点或等待特定时间，而社交媒体则打破了这种限制，使得文化信息可以在任何时间、任何地点得到传播和接收。用户只需打开手机，便可浏览和分享各种文化内容，无论是热门话题、艺术作品还是历史事件，都能够迅速地获取和参与讨论。这种便捷性不仅加快了文化信息的传播速度，也使得更多人可以参与到文化交流中，推动了文化传播的广泛普及和深入发展。同时，社交媒体的便捷性也为文化产业的发展提供了新的机遇。艺术家、作家、学者等文化创作者可以通过社交媒体直接与观众、读者进行互动，建立更加紧密的联系和合作关系，从而推动文化产业的创新和发展。

（二）社交媒体对传统文化的挑战

尽管社交媒体为文化传播提供了新的平台，但也带来了一些挑战，尤其是对传统文化的影响。

1. 内容简短化

社交媒体以其内容简短、轻松、易消化的风格而闻名，然而，这种内容特点与传统文化的博大精深形成了鲜明对比。传统文化往往承载着丰富的历史、价值观和意义，对其理解和欣赏需要耐心和深度思考。然而，在社交媒体上，由于信息传播速度快、内容长度有限的特点，很难完整呈现传统文化的内涵和精髓。传统文化的深层次价值和意义往往无法在短时间内被传达和理解，从而使得社交媒体上的传统文化内容呈现出表面化和片面化的特点。这不仅影响了用户对传统文化的认知和欣赏，也对传统文化的传承和发展构成了挑战。因此，我们需要在社交媒体上采取一系列措施，如结合多媒体形式、加强内容深度等，以更好地呈现传统文化的内涵和价值，从而促进传统文化在社交媒体上的传播和发展。

2. 信息洪流

在社交媒体的信息洪流中，内容往往以瞬时性和轻松性为主导，而这与传统文化的特点形成了鲜明对比。传统文化所蕴含的丰富内涵和深刻意义需要更多的时间和精力来理解和欣赏，这与社交媒体上信息传播快速、用户注意力短暂的特点相左。社交媒体的内容呈现方式通常是短时且迅速的，传统文化在这种环境下往往只能被表面化地呈现，读者无法深入挖掘其内涵和意义。这种现象导致传统文化在社交媒体上的传播变得肤浅化和片面化。传统文化所包含的价值观、历史故事、艺术表现形式等丰富内容无法在短时间内得到全面展示，仅仅呈现出文化的冰山一角，而缺乏深度挖掘则限制了用户对传统文化的真正理解和欣赏。这种信息片面化会导致用户对传统文化产生误解或忽视其重要性，进而影响传统文化的传承和发展。因此，对于传统文化在社交媒体上的传播，我们有必要通过多种形式和途径，包括深度解读、互动讨论、艺术展示等来克服信息洪流带来的表面化挑战，从而确保传统文化在社交媒体平台上得到更全面和深入的呈现，为其传承和发展注入新的活力。

3. 文化价值观的冲击

在社交媒体上，内容往往受到商业化和流行趋势的影响，这对传统文化的价值观造成了一定冲击。由于社交媒体平台上的内容传播速度快、用户关注度高，商业化和流行趋势往往成为内容制作和传播的主导因素。这导致一些流行文化成为社交媒体上的主流内容，而传统文化则可能因此被边缘化。流行文化往往迎合大众的口味和需求，其内容通常更加简单易懂、娱乐性强，与传统文化的深刻内涵和复杂价值观形成鲜明对比。因此，传统文化在这一平台上的传播可能会受到限制。这种现象不仅影响了传统文化在社交媒体上的展示和传播，也可能对用户的文化认知和价值取向产生影响。传统文化所蕴含的历史、道德、精神等丰富价值观可能因为受到流行文化的冲击而被忽视或边缘化，进而影响用户对文化的整体理解和认知。因此，为了保护和传承传统文化的价值观，我们有必要在社交媒体上推广传统文化的内容，并采取措施加强用户对传统文化的认知和理解。这包括丰富文化教育、提倡多样性文化、加强文化产业的支持等，以确保传统文化在社交媒体时代得以传承和发展，为社会文化的多元化作出贡献。

二、文化在数字社交平台上的表达

（一）社交媒体作为文化身份建构的平台

社交媒体作为文化身份建构的平台具有显著的影响力。数字化时代，社交媒体已经成为人们日常生活的重要组成部分，它为个体表达自身文化身份提供了独特而广泛的平台。个体能够展现出自己的文化特质和价值取向，从而构建出独特而丰富的文化身份。这种个体化的文化表达不仅是对传统文化模式的延续与传承，更是对传统文化范式的颠覆与创新。在社交媒体上，个体可以自由地选择和展示自己所钟爱的文化元素，不受地域、性别等限制，从而促进文化的多样性与包容性。

社交媒体平台的互动性和连接性也进一步加强了个体文化身份的建构。个体通过与他人的交流互动，可以接触不同文化背景的人群，从而拓宽自己的文化视野，并在与他人的交流中不断调整和完善自己的文化身份。例如，在一个社交媒体群组中，个体可以与来自不同国家、不同文化背景的人交流，分享文化体验和观点，从而形成跨文化的交流与对话，提高文化认知的深度与广度。这种文化传播模式不仅加速了文化信息的传递，更加强了文化的互动性和共享性，推动了文化的全球化进程。

（二）基于兴趣和共鸣的社群构建

社交媒体的兴起为构建基于兴趣和共鸣的社群提供了便利的平台。数字化时代，个体可以利用社交媒体平台，轻松地与具有相似兴趣和价值观的人群建立联系，形成自己的社群圈子。这种社群构建不再受限于地理位置和传统社会关系，而是建立在共同的兴趣、观点或者价值取向之上，使得个体在虚拟的社交媒体空间中能够产生归属感和认同感。

在社交媒体平台上，个体可以通过关注特定的话题标签，加入特定的兴趣群组或者关注特定的个人账号，与志同道合的人进行互动和交流。这种基于兴趣和共鸣的社群构建有助于个体找到与自己价值观相符的同好，从而促进情感共鸣和认同感的形成。例如，一个对摄影有浓厚兴趣的个体可以加入摄影爱好者社群，与其他摄影爱好者分享摄影作品、经验和技巧，从而增强对摄影的热爱和对摄影社群的认同感。

社交媒体平台的算法推荐功能也有助于个体找到与自己兴趣相符的内容和社群。社交媒体平台通过分析个体的浏览历史、点赞行为等数据，可以向个体推荐与其兴趣相符的内容和社群，使得个体更容易找到志同道合的人群，加强社群构建的效果。

（三）文化身份的多维度展示

社交媒体作为一个数字化的社交平台，为个体展示自己的文化身份提供了多种维度的可能性。个体可以通过文字、图片、视频等多种形式表达自己的文化观点、兴趣爱好和生活方式，从而展示出自己的文化身份。文字是最基本也是最直接的表达方式，个体可以通过发表文字状态、撰写博客或者参与讨论话题的方式，分享自己对文化领域的见解、体验和思考。而图片和视频则是更生动和直观的展示方式，个体可以通过上传照片、拍摄视频等形式，展示自己与文化相关的活动、体验和创作，使得文化身份更加具体和生动。

除了直接的文化表达外，个体还可以通过参与文化活动、加入文化团体、支持文化项目等方式展示自己的文化参与度和贡献度。例如，个体可以参加各种文化节日庆典、艺术展览、音乐会演唱会等活动，展示自己对文化活动的关注和热爱；还可以加入文学社团、音乐团队、绘画工作室等组织，与其他文化爱好者共同学习、创作和交流；同时，个体还可以通过支持文化项目的方式，如参与众筹、捐赠、志愿服务等，为文化事业的发展和繁荣贡献自己的一份力量，展示出自己的文化责任感和社会参与度。

这种多维度的文化身份展示使得个体的文化表达更加丰富和立体。个体不仅可以通过言行和创作展示自己对文化领域的理解和热情。同时，这种多维度的文化身份展示也为个体与其他文化爱好者之间的交流和互动提供了更多的话题和共鸣点，促进了文化交流和文化共建的进程，丰富了社交媒体平台的文化生态系统。

（四）彰显个性化和多样性

首先，个体可以通过自己的兴趣爱好和文化背景展现个性化的文化表达。每个人都有自己独特的兴趣爱好和文化偏好，社交媒体为个体提供了展示这些特点的平台。例如，一个热爱音乐的个体可以在社交媒体上分享自己喜爱的音乐，以及参与音乐活动的经历，展现自己对音乐的热情和追求；而一个对文学情有独钟的个体则可以分享自己的阅读心得、文学创作成果，展示文学情怀和创作才华。

个体通过这种个性化的文化表达，不仅可以展示自己的独特个性，还可以吸引具有相似兴趣和价值观的人群，促进文化交流和共鸣。

其次，社交媒体平台还为个体展现多样化的文化身份提供了便利。在社交媒体上，个体可以以多种形式展示自己的文化身份，包括文字、图片、视频等。个体可以通过文字状态、博客文章、照片集、视频内容等方式展示自己丰富多彩的文化生活和多元化的文化经验。例如，一个喜欢旅行的个体可以分享自己在不同国家和地区的旅行见闻和文化体验，展示出自己对多元文化的包容和探索精神；而一个热爱美食的个体则可以分享自己的烹饪心得、美食探店经历，展现出自己对多样化饮食文化的热爱和追求。这种多样化的文化身份展示不仅丰富了社交媒体的文化内容，还促进了不同文化之间的交流和理解，推动了文化的多元发展和传播。

第四节　文化数字化的挑战与机遇

一、数字化对文化传承的挑战

（一）数字化可能带来信息失真

在数字化的信息传播时代，为了迎合用户的阅读习惯，一些文化内容往往会被简化、夸张或误解。社交媒体、网络平台等数字化渠道以其便捷性和高效性成为信息传播的主要场所，然而，这种形式的信息传播也带来了一些问题，特别是在涉及传统文化的呈现和传播时。为了吸引更多的用户关注和争取更多的阅读点击量，一些文化内容可能会被简化成表面的形式，失去了原本的丰富内涵和深刻意义。此外，为了增强趣味性和吸引力，一些文化内容还可能被夸大其词，夸张其特点，甚至被歪曲和误解。这种简化、夸张和误解导致传统文化的深层次内涵被模糊化，原本丰富多彩的文化价值被淡化甚至丢失。更严重的是，一些文化内容可能会被赋予与原意相悖的解读，导致文化信息的失真和误导。这种失真可能会影响人们对传统文化的真实理解和认知，甚至导致对传统文化的误解和偏见。

（二）读者深度阅读的减少

数字化时代，随着信息技术的快速发展，人们获取信息的方式和阅读习惯发生了深刻变化。相比传统的深度阅读，人们更倾向于浏览短时、直观的内容，这一现象在数字化时代变得尤为显著。社交媒体平台上的快速信息传播，以及短视频、快文、快讯等形式的内容迅速走红，吸引了大量用户的关注和点击。然而，这种短、平、快的阅读习惯可能会导致人们对传统文化经典著作的疏远，使得深度理解和欣赏传统文化的能力逐渐下降。

数字化时代的碎片化阅读模式使得人们的注意力越来越难以集中。快速切换不同内容、不同平台的阅读方式，使得人们的阅读深度和专注度受到了挑战。在这种阅读环境下，传统文化经典著作的厚重、深奥往往让人望而却步，导致人们对传统文化的深度理解和欣赏能力下降。

（三）网络传播与信息可信度降低

在数字化平台上，信息传播的速度之快常常令人惊叹，然而，这同样引发了信息可信度的重大挑战。虚假信息在网络上迅速传播，它们可能混淆真实的文化信息，使人们难以辨别文化传承中的真伪，从而影响人们对传统文化的认知和信仰。网络传播的迅猛发展为信息的快速传播提供了便利，但与此同时，网络空间也成了虚假信息的滋生地。这些信息可能通过社交媒体迅速传播，其传播形式多样，内容吸引眼球，甚至具有一定的迷惑性。尤其是在涉及文化传承的领域，一些不实的信息可能会扭曲事实，误导公众，影响人们对传统文化的理解和信仰。在这种情况下，公众往往需要具备辨别信息真伪的能力，以免受到不实信息的误导。然而，由于网络空间的匿名性和信息量的庞大，公众往往难以准确判断信息的可信度，容易受到虚假信息的影响。因此，加强对网络信息的监管，建立健全的信息审核制度，是保障网络信息真实性和可信度的关键。

二、数字时代为文化传承带来的机遇

（一）从“写”文化到“数字”文化

在漫长的历史长河中，人类文化的传承和传播方式经历了从语言到符号、文字、纸张、印刷、声音，以及视觉传达的演变。进入 20 世纪以来，人类从利用刀笔书契“写”文化到利用计算机“数字化”文化，人类文化传承传播体系在形式、内容、速度等方面发生了翻天覆地的变化，同时深刻而迅捷地影响着人类基本的思维方式。

1. 外在形式的变革显而易见

随着记录信息的工具和载体由刀笔、石碑、纸张等过渡到键盘、鼠标等现代计算机工具，记录语言、数目、音乐等信息的符号也变得更加简洁、明确。实体资源如碑刻、书籍、图谱逐渐被虚拟的数字化资源所取代。此外，许多以往只能通过“口耳相传”且“转瞬即逝”的信息，如今可以通过音频、视频、互动资源等载体实现对其快速、完整的记录、保存和传播。文化资源的形式越来越丰富多元，人们对事物的认识也更加全面立体。

2. 思想内容的变革较为深刻

如果说在“印刷资本主义”时期，文化走出了贵族城堡进入大众生活，那么“数字共产主义”使当代文化成为一种新型权力话语，进入世界逻辑中。这使得文化价值更加多元化、世俗化、大众化、个性化。在倡导价值多元的文化语境中，数字文化在各主体之间将个体差异性推到极端，逐渐割裂个人与他人的同一性。它极度地挑战着原有的文化霸权主义，对旧文化传播内容及价值体系均造成强烈的冲击。

3. 传播速度的变革不言而喻

计算机技术使文化信息的生产、传播、获取变得更加便捷。人们轻松点击鼠标、敲击键盘，甚至通过语音与文字的转换，便可以轻松地表达和处理各类信息。计算机复制数字化代码的能力可以达到在印刷术时代难以想象的程度。与此同时，网络技术使信息的传播得到飞速发展。“千里眼”“顺风耳”已经不再是神话。

4. 思维方式的变革相对隐性但更加内在

数字化从影响人们生产、生活、娱乐的方式开始，逐渐深入影响人的思维方法。对知识扁平化、局域化、固态化、结构化的处理方式已经显得不合时宜；取而代之的是立体化、系统化、动态化、碎片化的信息处理方式。连接、混搭、演绎、重构成为人类思维的基本逻辑，开放性、虚拟性、超越性越来越成为当代人类文化知识系统所凸显的特征。

（二）文化事象间复杂关联性的顺畅表达

文化是一个极其复杂的概念，它包含社会建制、实践活动和观念形态等多个方面的社会存在。即便只是从传统意义上所讲的“文化”作为观念形态存在来看，其体系也足以复杂到让人无法完全探究其全貌。文化并非封闭的系统，而是人类对大自然和人类社会开放的产物。它与经济、政治、军事、法律、民族、物质、意识等诸多领域都存在密切的关联，这种开放性使得文化呈现出多样、丰富和复杂的特点。

文化的多样性导致其作为一个系统在内部要素、结构、层次、功能等方面呈现出极度的复杂性。这种复杂性通常表现为定义模糊、边界不清、逻辑多重等特征，导致文化体系内部各个方面之间存在错综复杂的关联。由于文化的共享性、易变性和多义性，人们很难清晰、完整、全面地描述某个文化事象的特征、归属和功能。可以说，任何一个文化事象，在结构属性、时空属性、社会属性、功能属性等方面都与其他文化事象发生多向交错的关系。如果涉及事象与系统及其各分层、分部之间的关系，这种关联将变得更加复杂。

在传统的文化传承与传播时代，想要清晰地描述文化事象之间这种错综复杂的关联性是非常困难的。文化持有者很难在一个文本中将所有需要描述的关联表达清楚，而使用多个文本描述又会对受众快速、全面地认识这种关联性造成障碍。这种弊端使得人们认识文化事象间关联性的可能性变小，同时也限制了创造性思维的发展。

（三）文化数字化表达的核心语言“元数据”

元数据（Metadata）在数字化时代的文化表达中扮演着核心角色，它被视为解决文化信息联结和表达文化事象之间复杂关联性的基本工具。元数据，又被称为“中介数据”或“中继数据”，是一种描述数字化资源结构化特征和属性的数字化工具，可用于支持计算机实现信息组织、管理的功能。用户可以通过描述数字化资源的存储位置、历史处理数据、查找和记录等功能，对资源进行检索和利用。

在全球数字信息融合、数字化资源体系结构规范化的过程中，都柏林核心元数据（Dublin Core，DC）成为最具影响力的元数据格式之一。这一由 15 个核心元数据元素构成的集合已成为多个国际标准化组织和众多国家的正式标准。围绕都柏林核心元数据建立的一整套方法论、扩展元素、抽象模型、编码规范、应用指南以及语义描述的 RDF 结构和元数据信息模型单元结构，使得不同元数据方案之间能够实现共同的理解，不同文化系统之间的联结成为可能。

然而，当面对内容多元、类别繁复的文化资源时，都柏林核心元数据集可能显得不够灵活。因为文化本身是人类的精神产物，而文化数字化资源只是文化信息的载体或媒介。因此，在对文化数字化资源进行系统描述时，数据库管理者需要考虑其与普通数字化资源的区别，除了对资源本身的物质形态进行描述外，还需要重点描述其所承载的文化信息，如文化艺术的本体特征、社会功能、介质形态等属性。否则，就很难明确数字化资源的主题、性质，也就难以实现对其的快速取用，数字化的意义也就大打折扣。

在设计针对这类资源的元数据规范时，数据库管理者应该考虑到这些资源的特殊性，在都柏林核心元数据元素集的基础上，增加适合这类资源的元素修饰词或元素项。比如，在处理文艺作品资源元数据时，可以在“主题”元素项中增加“艺术门类”“本体形态”“社会功能”“民族属性”等修饰词。另外，也可以将“涵盖范围”元素项细分为“时间信息”和“空间信息”，并为每个细分元素增加多个修饰词。例如，对于“时间信息”这一元素，可以增加“艺术作品创作时间”“艺术作品流传时间”“艺术作品采录时间”“艺术资源创制时间”“艺术资源翻录时间”等修饰词。

（四）文化信息获取、描述、记录、整理、表达的周期

文化信息的获取、描述、记录、整理、表达构成了一个完整的周期，这一过程经历了多个步骤和环节，需要技术链条的支持。一是在信息获取和描述环节，信息收集者利用已经系统化定义的编码规则，如语言、字符、图谱等，对需要传递的信息进行人为编码，使文化信息的传递成为可能。二是在记录整理环节，信息被符号化后，人们利用技术工具将其外化为某种物理形态，如刀笔书契等，同时将多个单独的文化信息进行系统化整理，清晰描述其结构关系，以便传递到可接收的渠道。三是信息传递表达环节。在这个环节，文化信息以编码、物化的状态被传递到接收者面前，并通过既定的编码规则解码，表达原有的思想内容。

在传统媒体时代，完成文化信息生产和传播的整个链条需要耗费大量的时间成本。人们利用刀笔等书写工具，在竹木、石土、布帛、纸张等载体上完成信息的记录和整理，为了提高信息的传递速度和广度，发明了印刷技术以及相关的信息报送、分发系统。然而，即使有了这些技术手段，人们仍然需要耗费大量的人力和时间在信息的获取和整理上，尤其是在信息爆炸时代，人们要在大量的文本资源中找到所需的信息就像大海捞针一样困难。传统的人工检索方式也需耗费较多的时间和精力，信息传递周期明显拉长。

数字化时代，机器智能的出现和网络技术的高速发展使文化信息传递周期缩短。人们不再需要对文化事象进行传统的“书写”式描述，而是可以通过语音、图文转换等方式进行文本式的记录，也可以直接对文化信息进行图像、声音的采集，并通过数字化技术进行加工、整理和复制。随后，通过网络渠道展开广泛传播，并通过计算机检索工具进行提取和展示。整个过程进行迅速，时间成本极低，大大提高了文化资源整合效率，为文化创新插上了腾飞的翅膀。

三、典型案例分析

古琴是中国传统民族乐器的典型代表，历经三千多年的积淀，成为中国传统文化的重要载体和文化符号。在文化复兴的浪潮中，在文化自信的视野下，古琴是继承、发扬中国传统文化的必要媒介。当今以新媒体为传播载体的文化传播途

径繁荣起来，符合新时代文化强国的要求。在此形势下，古琴文化同人要抓住时代机遇，努力在新媒体时代古琴文化传承创新途径上进行思考和尝试，为中国文化遗产的传承作出贡献。

（一）新媒体时代古琴文化传承的内容

作为古代文人君子品味生活、参悟哲理的工具，古琴有丰富的精神内涵和人文品质，如安逸闲适的人生态度和“天人合一”的生命境界。古琴能够使人提高道德修养，陶冶情操，文化传承中包括如下内容。

1. 琴体的民族文化思想

古琴作为中国传统乐器之一，不仅是一种音乐工具，更是文人雅士表达情感、思考哲理、沟通天地的重要载体。其构造所蕴含的深刻文化思想使其在中国文化中占据独特的地位。古琴最初由五根弦构成，分别代表金、木、水、火、土，这体现了中国古代五行理论的思想基础。后来，随着历史的发展，古琴逐渐演变为七弦琴，增加的文弦和武弦则反映了文武之道在古代社会中的重要性，同时也让古琴更加丰富多彩。其弧形的琴面和平整的琴板，则体现了中国古代天圆地方的观念，代表了古人对宇宙结构的认知和崇尚。琴身的长度以及琴面上的徽位和出音孔的设计，则分别象征一年的日数和月份，反映了古代人对时间和自然的观察与理解。尤其是琴面上的龙池和凤沼，这两个出音孔象征着龙凤的神话形象，体现了古代人对神话传说的崇拜和敬畏，以及对宇宙奥秘的探索与向往。

古琴独特的形制所蕴含的丰富文化思想，不仅反映了古代中国人对宇宙的认知和哲学思考，也展现了他们对自然、时间和神话的崇敬和想象。这种文化思想的内涵，不仅是对传统文化的传承和发扬，也是对当代社会价值观的反思和启示。在当今社会，我们可以从古琴的文化思想中汲取智慧，反思人与自然、人与社会之间的关系，借鉴古人对宇宙和人生的深刻思考，从而更好地面对当代社会的挑战和困境。古琴的文化价值不仅在于其历史传统的沉淀，更在于其对人类生存和发展的思考与启迪。因此，审视古琴在当代生活中的价值，不仅是对传统文化的传承，更是为文化创新指明方向。

2. 古琴的音乐文化思想

（1）社会政治视角

古琴在社会政治视角下扮演重要角色。从远古时期开始，音乐是祭祀典礼上的重要工具。随着儒学成为正统思想，音乐的教化功能进一步得到强化。儒家强调音乐教化人心，导正人格，使得音乐在教育领域发挥重要作用。古琴作为“帝王圣器”和“太古遗音”的象征，受到统治阶级的追捧。其音韵温柔敦厚的特点被重视，被视为一种高雅的艺术形式，具有极大的教化意义。儒学乐教理念引导了古琴对琴者的教化，通过音乐的表达，开启人的心智，给予道德上的规范。在社会政治视角下，古琴所赋予的雅正人伦教化，有助于维持社会的秩序和稳定，为统治阶级的政权稳固提供了有力支撑。

事实上，即使在当代社会，古琴的乐教功用仍然具有积极的实践意义。在当代和谐社会的构建过程中，古琴所具有的雅正人伦教化功能，仍然可以发挥重要作用。通过古琴音乐的欣赏和学习，人们可以感受到其中蕴含的深邃思想和高尚情操，进而提升自身的道德修养和人文素养。古琴的乐教功用不仅是一种传统文化的传承，更是对当代社会价值观的反思和引导，有助于推动社会的进步与发展。

（2）个人修养视角

古琴作为琴、棋、书、画“四艺”之首，在个人修养视角下扮演重要角色。它不仅是一种音乐艺术形式，更是文人雅士抒发情感、沟通自然的重要器物。刘禹锡《陋室铭》中所言“可以调素琴，阅金经。无丝竹之乱耳，无案牍之劳形”，表达了文人雅士弹奏古琴的目的是自我欣赏，提升自身的人文修养。古琴音色古朴典雅，音量较小，适合小众倾听和自我表达，使人在外界喧嚣浮躁中保持内敛沉静。

古琴的学习和研习是一个漫长的过程，要达到高境界需要琴者在中国哲学领域不断提升自己，实现内外兼修。儒家的社会伦理和道家的回归自然思想都深深影响了古琴文化，而古琴演奏过程中所蕴含的内涵也需要琴者逐渐领悟。在演奏的过程中，琴者不仅是在弹奏音符，更是在感悟生命的哲理，探索心灵的境界。因此，古琴的修习不仅是技艺的提升，更是心灵的净化和成长。

古琴的音乐文化思想对当今社会文明的推进具有重要价值。古琴的音乐内涵丰富，它不仅是一种乐器，更是一种精神的寄托。人们通过学习古琴，可以接触古人智慧的结晶，感受到其中蕴含的深刻文化内涵，从而提升自身的人文素养和审美情趣。古琴的音乐所传达的情感和哲理，有助于人们在当今喧嚣的社会中找到内心的宁静与安宁，帮助琴者寻得一方净土来安放自己的心灵，实现心灵的升华。

（二）新媒体时代古琴文化传承的方式

在报刊、广播、电视等传统媒体之后，信息时代发展起来的新媒体，利用数字技术、无线通信网、卫星等渠道和手机、计算机等终端，向用户提供信息资源和娱乐服务功能。数字化时代新媒体已悄然进入每个人的生活中，把文字、图片、声音、视频等元素结合起来。民族文化要想永葆生机和活力，要顺应形势走创新发展的道路，让古典高雅文化走进大众视野，让传统与现代有机结合。古琴从 2003 年被联合国教科文组织认定为“人类口头和非物质文化遗产代表作”，新媒体时代中可以借助数字化传播平台和媒介，让古琴文化得到更加广泛的传播。

1. 微信公众号的创建

古琴传承传播者可以通过微信公众号把古琴独特的魅力通过文字、图片、视频和音频相结合的方式呈现在大众视野，吸引更多人的关注和参与。受众可以通过阅读发布的关于古琴文化的文章，观看古琴演奏视频，感受古琴的美妙音韵和深厚内涵，从而对古琴产生兴趣和热爱。

古琴传承传播者还可以借助微信公众号将古琴教学进行数字化整理，将古琴曲谱、教学视频等内容放置在公众号中供爱好者学习。同时，微信用户的分享、点赞、留言、转发等行为来扩大古琴文化的传播范围，实现滚雪球式的传播效应，让更多的人了解、关注和喜爱古琴文化。

2. 抖音等短视频制作

随着移动互联网的迅猛发展，影像表达逐渐成为人们交流和沟通的主要方式，而以抖音为代表的短视频平台因其简洁直观的特点，近年来受到了广大用户的喜爱。抖音所体现的快餐文化符合现代人快节奏的生活方式和消费习惯，成为人们在闲暇时间放松娱乐的重要方式。而古琴文化作为中国传统文化的重要组成部分，与现代的短视频制作形式相结合，具有极大的创作潜力。

古琴文化具有深厚的历史底蕴和独特的艺术魅力，在表达方面是优秀的自媒体创作素材。古琴文化短视频的制作不仅可以单纯地展示古琴的演奏和美学，还可以经过宏观的设计，分为不同主题录制，如古琴的历史文化、名曲欣赏、名家演奏等，从而使得古琴文化的传播更加系统化和全面化。此外，对已经上线的零散短视频进行分类整理，形成一套完整的古琴文化推介成品，也是一种创新的途径，有助于更好地传播和推广古琴文化，提升古琴在当代社会的影响力和传播力。这些短视频可以突破时间和地域的限制，将古琴的音乐美学和文化内涵传播给更多的人，让更多人享受到古琴文化的魅力。这不仅有助于传承和发扬古琴文化，也使得古琴这一传统艺术形式更加与时俱进，与年轻人的审美需求相契合。

随着地球村的形成和信息技术的进步，古琴文化的传播也实现了数字化、大众化和国际化。通过短视频平台，古琴文化可以跨越地域和语言的限制，让更多人了解、接触和喜爱中国传统文化。这对于中华优秀传统文化的传承和弘扬是一个重要契机，也为中国传统文化的国际传播打开了新的渠道。

3. 新媒体时代古琴文化传承的注意事项

新媒体这一概念由戈尔德马克于 1967 年最先提出，新媒体是利用数字技术、网络技术，通过互联网、宽带局域网、无线通信网、微信等渠道，以及电脑、手机、数字电视等终端，向用户提供信息和娱乐服务的传播形态。如今，新媒体创新应用在世界范围内位居前列。古琴文化在新媒体时代的传承创新中有以下注意事项。

（1）坚持古琴文化的正宗性

随着社交媒体时代的来临和自媒体的快速发展，人们表达自我、满足社交欲望的需求得到了极大的满足。然而，正是在这个背景下，一些以古琴文化为主题的自媒体出现了一些问题，这些问题可能会对古琴文化的正统性和价值观产生不利影响。在自媒体审查体系尚未完善的情况下，一些平台的进入门槛较低，为一些低俗消极的文字影像信息提供了传播渠道，这可能会误导大众，影响他们树立正确的世界观、人生观和价值观。

一些自媒体以高雅的古琴文化为噱头，推送低俗媚俗的内容，这种行为严重践踏了古琴的文化价值。他们将古琴文化视为商业竞争中盈利的工具，将追求利润置于传承发扬古琴文化之上，严重偏离了正道。然而，文化与价值是相互依存的关系，古琴文化的传播必须走正路，端正态度，将传承发扬古琴文化作为根本出发点和落脚点。

（2）注重专业人才的培养

在新媒体时代，古琴文化传播过程中确实出现了一些师资水平参差不齐的情况。由于自媒体平台进入门槛较低，一些水平较低的琴者将古琴仅仅视作获取流量的手段，而不是将其作为传承和弘扬古琴文化的使命，这种现象严重损害了古琴文化的正统性和高雅性，也误导了一批古琴爱好者，阻碍了他们对正统古琴文化的学习与理解。

新媒体时代，古琴文化需要注重专业人才的培养。这包括两个角色：一是古琴文化传播者，二是媒介传播者。古琴文化传播者应该具备扎实的古琴演奏技能和丰富的古琴文化知识，能够客观准确地传播古琴文化，不断提升自己的专业水平，成为古琴文化的传承者和引领者。而媒介传播者则需要思考如何利用现代传媒技术，更好地传播古琴文化，包括如何设计内容、选择传播渠道等方面，以提升古琴文化的传播效果和影响力。两者相互配合、协同作战，才能真正实现古琴文化的传承和发展。

古琴文化培养专业人才，可以从三个方面入手。一是加强古琴文化的教育和培训，建立健全的古琴教学体系，培养更多有才华、有修养的古琴演奏者和传播者。二是加强对古琴文化的研究和挖掘，培养更多对古琴文化有深入理解和掌握的专家学者，为古琴文化的传播提供更加丰富和有深度的内容支撑。三是加强对古琴文化的宣传和推广，通过举办演出、比赛、讲座等活动，吸引更多人参与到古琴文化的学习和传播中。

（3）坚持线上线下传播相结合

在新媒体时代，大众阅读的碎片化已经成为一种趋势，这也意味着文化信息的传播方式需要与时俱进，顺应这种变化。然而，需要注意的是，碎片化阅读虽然在一定程度上提高了信息获取的便利性，但也可能导致原本整体的文化传承面临选择性的减缩和删除，这对于文化的持续传承是不利的。古琴文化作为中国传统文化的重要组成部分，同样面临着这样的挑战。尽管古琴文化借助新媒体平台获得了前所未有的发展机遇，但同时也面临着一些挑战。

古琴文化自古以来注重意境内涵，而网络传播方式在传达古琴意境时确实存在一定的难度。网络传播更注重琴技的培训，而对琴道的教授则相对不足。相比之下，仅依靠线下传播可能会导致古琴文化传播范围有限，这对古琴文化的传承发展不利。

（4）提升国际传播力度

古琴文化已经从中国传播到了世界多个国家，尤其在东亚文化圈和汉字文化圈受到了广泛推崇。然而，如何会聚一批热情而又专业的古琴文化推广传播同人仍然是一个需要解决的问题。在新媒体时代，我们可以通过一系列措施来提升古琴文化的国际传播力度。

首先，国家专业协会可以作为发起者，在国内外的社交媒体平台上召集具备一定身份和水平的古琴从业者，共同探讨古琴文化传播的策略和方式。同时，政府可以给予一定的资金支持，促进古琴文化事业的发展。

其次，国内高校可以开设古琴相关课程，培养更多对古琴文化有兴趣和热情的学生，为他们未来从事古琴文化传播工作做好准备。

古琴作为中国传统的民族乐器，既展现了历代文人君子的道德修养和精神世界，又反映了中华民族几千年来形成的天人观、文化观、哲学观和审美观。在当代，科技飞速发展、生活节奏加快的情况下，人们的心理可能表现出一定的浮躁和道德修养偏差。因此，我们借助新媒体平台，创新古琴文化传播途径，加大古琴宣传力度，让更多的人能够了解和欣赏古琴文化，将是非常有意义的。

需要特别注意的是，线上线下传播应该相互结合，发挥各自的优势。线上平台可以扩大古琴文化的受众面，吸引更多的人关注古琴文化；而线下活动则可以提供更丰富的文化内涵和实践机会。这种线上线下的互动可以使古琴文化的传承和发展迈向一个新的高度。

第六章　社会参与文化创新

第一节　社区参与文化项目

一、社区参与文化项目的实践经验

（一）社区文化活动的策划与组织

1. 建立策划小组

在社区参与文化项目中，建立一个策划小组是至关重要的。这个小组应该由社区居民、文化工作者、地方政府代表等多方人员组成，以确保代表性和全面性。策划小组的成员应该具有不同的专业背景和技能，能够共同制订符合社区需求和文化特色的项目计划和执行方案。

（1）社区居民参与

社区居民是文化项目的最终受益者，因此他们的参与至关重要。社区可以通过举办座谈会、调查问卷（附录一）等形式，征集社区居民的意见和建议，了解他们的需求和兴趣，从而更好地制订文化活动的内容和形式。

（2）文化工作者参与

文化工作者具有丰富的文化活动策划和组织经验，可以为项目提供专业的指导和支持。他们可以负责项目的艺术指导、节目策划、演出安排等工作，确保文化活动的专业性和高质量。

（3）地方政府代表参与

地方政府在社区文化活动中扮演着重要角色，可以提供场地、资金、政策支持等方面的帮助。地方政府代表参与策划小组，可以更好地协调各方资源，促进文化项目的顺利实施。

2. 制订执行方案

在策划小组的共同努力下，制订符合社区实际情况的文化活动执行方案。该方案应该包括活动的主题、内容、形式、时间、地点等具体安排，以及参与者的分工和责任。

（1）确定活动主题

策划小组根据社区居民的需求和文化特色，确定适合的活动主题。结合当地的传统文化、历史故事、民俗风情等，可以使活动更具地方特色和吸引力。

（2）规划活动内容

策划小组根据活动主题，规划出丰富多彩的活动内容，包括演出表演、文化展览、手工艺制作、文化讲座等。活动内容丰富多样，能够满足不同年龄层次和兴趣爱好的社区居民的需求。

（3）确定活动形式

策划小组根据活动内容和参与者的特点，确定相应的活动形式。可以采用座谈会、展示会、比赛活动、户外演出等形式，让社区居民积极参与其中。

3. 组织实施工作

策划小组在制订好的执行方案基础上，组织各项活动的实施工作。这包括场地布置、人员调配、宣传推广、安全保障等工作，确保活动顺利进行并取得良好效果。

（1）场地布置

根据活动的具体要求，合理布置活动场地，包括舞台搭建、展览布展、座位设置等工作，确保活动场地整洁美观、安全有序。

（2）人员调配

合理调配活动人员，包括工作人员、志愿者、表演者等，确保各项工作有序进行，满足活动需要。

（3）宣传推广

通过多种渠道进行活动宣传推广，包括社区广播、宣传栏、社交媒体等，吸引更多社区居民参与活动，提高活动的知名度和影响力。

（4）安全保障

重视活动安全工作，加强现场管理和安全检查，确保参与者的人身安全和财产安全，为活动的顺利进行提供保障。

（二）社区资源整合与共享

1. 建立资源共享平台

社区参与文化项目需要最大限度地整合各方资源，包括文化机构、地方政府、企业以及社区居民等。建立一个资源共享平台，可以帮助各方更好地协作，提高文化项目的质量和可持续性。

（1）整合场地资源

与地方政府、文化机构和企业等单位合作，整合社区内的场地资源，包括公园、广场、社区中心等，为文化活动提供场地支持。

（2）整合资金资源

利用政府拨款、企业赞助、社区居民捐赠等多种渠道，整合资金资源，支持文化项目的开展和运营。

（3）整合人才资源

与文化机构、艺术团体、高校等单位合作，整合优秀的艺术人才和专业人才，为文化项目提供专业支持和服务。

2. 促进资源共享

建立资源共享机制，促进各方资源的共享和互惠。签订合作协议、建立合作机构、开展联合项目等方式，实现资源共享，提高资源利用效率。

（1）合作协议

与相关单位签订合作协议，明确各方的责任和义务，规范资源共享的方式和程序。

（2）建立合作机构

建立社区文化联盟、合作社、文化合作基金等机构，作为资源共享的平台和载体，为文化项目的开展提供支持和保障。

（3）开展联合项目

开展跨界合作、跨区域合作的文化项目，整合各方资源，实现资源共享和优势互补，提高文化项目的质量和影响力。

3. 推动资源共享的实践

积极推动资源共享的实践，促进各方资源的共享和互惠。组织资源共享交流会、举办资源共享活动、开展资源共享项目等方式，推动资源共享的实践和发展。

（1）资源共享交流会

定期组织资源共享交流会，邀请各方代表参与，分享资源共享的经验和成果，加强资源共享的理念和意识。

（2）资源共享活动

组织资源共享活动，如文化艺术展览、表演演出、文化讲座等，利用各方资源共同举办，提高活动的品质和影响力。

（3）资源共享项目

开展资源共享项目，如社区文化节、艺术展览、文化传承项目等，整合各方资源，共同支持和推动项目的开展，实现资源共享的效益最大化。

二、社区在文化创新中的角色

（一）促进文化多样性的保护

1. 社区文化传承活动的组织与支持

社区作为文化传承的基层单元，扮演重要角色。它是文化传统的承载者、组织者和传播者，也是文化活动的主要场所。在社区组织各类传统节庆、民俗表演、手工艺品展示等活动，不仅可以让社区居民感受到文化的魅力，还能促进传统技艺的传承与创新。

首先，社区组织的传统节庆活动是一种重要的文化传承方式。例如，春节、中秋节等传统节日不仅是中国人民传统的节庆，也是社区居民团聚、交流感情的重要时刻。社区可以通过举办传统的节庆庙会、文艺演出等活动，让居民在欢乐的氛围中感受到传统文化的魅力，增强文化认同感和归属感。

其次，民俗表演是传统文化传承的重要形式之一。在社区层面，可以组织各种传统的舞蹈、戏曲、音乐等表演活动，让居民们亲身体验传统文化的魅力。这不仅有助于传统艺术形式的传承，还可以激发居民对文化的兴趣，培养他们的文化素养。

最后，手工艺品展示也是社区文化传承活动的重要形式之一。社区可以通过举办手工艺品展览、工艺品制作比赛等活动，展示当地的传统工艺技艺和艺术魅力。这不仅有助于传统手工艺品的传承与保护，还可以促进手工艺品的创新与发展，推动传统文化与现代生活相融合。

社区在组织社区文化传承活动时，需要注重社区居民的参与和反馈。社区可以通过社区调查、座谈会等方式，了解居民的文化需求和兴趣，因地制宜地开展文化活动。同时，也要加强对文化传承者和传统艺人的培训与扶持，保障传统文化的传承人才队伍的稳定与壮大。

2. 支持本土艺术与手工艺的传承

社区在支持本土艺术与手工艺的传承方面扮演重要角色。社区可以为本土艺术家和手工艺人提供展示、学习和交流的平台，从而保护和传承当地独特的文化艺术。

第一，社区可以组织各类培训活动，为本土艺术家和手工艺人提供专业技能培训和艺术创作指导。这些培训课程可以涵盖传统手工艺制作技术、艺术创作理论与实践等内容，帮助艺术家和手工艺人提升技能水平，激发创作潜力。同时，社区还可以邀请资深艺术家和手工艺传承人进行授课和经验分享，传承宝贵的文化艺术传统。

第二，社区可以举办本土艺术作品展览和手工艺品展销会等活动，为本地艺术家和手工艺人提供展示和销售的平台。这不仅可以增加艺术家和手工艺人的曝光度，提升其知名度和影响力，还能够带动当地经济的发展，促进文化产业的繁荣。此外，社区通过展览和展销会的形式，还可以增强社区居民对本土文化艺术的认知和了解，提升他们对本土文化的自豪感和归属感。

第三，社区还可以通过举办艺术家创作交流会、手工艺品设计比赛等活动，促进本土艺术家和手工艺人之间的交流与合作。艺术家创作交流会可以为艺术家提供一个分享创作经验、展示作品的平台，促进创作灵感的碰撞和交流。手工艺品设计比赛可以激发手工艺人的创作热情，推动手工艺品的创新与发展，同时也可以为优秀的手工艺品设计者带来荣誉和奖励，激励更多人投身于手工艺品的传承与创新中。

3. 倡导文化多样性的理念

在当今社会，文化多样性的理念日益受到重视，它意味着尊重和包容不同文化传统和价值观，通过促进多元文化交流与对话，推动文化多样性的保护和发展。而社区作为文化传承与交流的基层单元，扮演着重要角色。

首先，社区可以通过开展多元文化交流活动促进不同文化之间的交流与互鉴。这些活动包括文化节庆、艺术表演、民俗展示等，通过丰富多彩的文化活动，使不同文化之间的交流变得更加丰富和深入。例如，举办多元文化节庆活动，邀请不同民族、不同地域的人们共同参与，展示各自的文化传统和风俗习惯，增进相互了解和友谊。

其次，社区可以通过跨文化对话的形式，促进不同文化之间的相互理解与尊重。跨文化对话是一种开放式的交流方式，可以使不同文化背景的人们坐下来，共同探讨文化差异、传统习俗以及共同关心的问题。社区通过开展跨文化对话，可以打破文化隔阂，促进文化共融与交流，提升社区居民的文化素养和包容性。

社区还可以借助数字化技术和社交媒体平台，拓展文化多样性的传播渠道。

人们通过文化交流的网络平台，可以在虚拟空间展示和分享自己的文化特色和传统，实现文化资源的共享与交流。同时，社交媒体平台也可以成为跨文化交流的重要渠道，人们通过社交媒体了解和关注不同文化的动态，促进文化的交流与互动。

（二）培养新一代文化创作者

1. 开展文化艺术教育与培训

开展文化艺术教育与培训是社区促进传统文化传承与创新的重要举措之一。社区组织各类文化艺术培训班、工作坊等活动，可以为青少年提供学习和体验传统文化的机会，培养新一代文化创作者，从而促进传统文化的传承与发展。

首先，社区可以举办传统文化艺术的培训班，如古琴、书画、舞蹈等培训班。这些培训班不仅可以传授传统艺术技能，还能让青少年深入了解传统文化的内涵和精髓。青少年通过学习传统文化艺术，可以感受到传统文化的魅力，增强对传统文化的认同感和自豪感，从而更加积极地参与到文化传承与创新的过程中。

其次，社区可以组织文化艺术工作坊，提供实践和体验机会。工作坊开展包括传统手工艺制作、传统民俗表演等形式的活动，让青少年亲身参与其中，体验传统文化的魅力。青少年通过动手实践，可以更加深入地了解传统文化的技艺和工艺，培养其动手能力和创造力，为传统文化的传承与创新注入新的活力。

社区还可以开展与传统文化相关的文化艺术比赛和展览活动，激发青少年对传统文化的兴趣和热情。青少年参加比赛和展览可以展示自己的才华和创作成果，与其他青少年进行交流，相互学习、相互促进，形成良好的学习氛围和创作环境。

2. 设立文化创意工作室

在社区中设立文化创意工作室或艺术创作基地是为有志从事文化创作的年轻人提供一个展示和发展的平台。这些工作室不仅提供了一个空间，更为年轻人提供了艺术创作资源支持，以鼓励他们积极参与文化创新，推动当地文化产业的发展。

第一，文化创意工作室为年轻人提供了一个具有激励性的环境，激发他们的创造力和想象力。在这样的工作室，他们可以与其他有相似兴趣的人交流和合作，分享彼此的创意和灵感。这种集体的创作氛围不仅能够激发出更多的创意，还能够促进艺术家之间的艺术技巧和经验的交流，从而不断提升自身的创作水平。

第二，这些工作室为年轻艺术家提供了必要的资源和支持，使他们能够更加专注于艺术创作。在这些工作室中，通常会配备各种艺术创作所需的设备和工具，如绘画用品、雕塑工具、摄影设备等。同时，这些工作室还会为艺术家们提供所需的技术支持和指导，帮助他们克服在创作过程中遇到的技术难题，提高他们的创作效率和质量。

第三，这些工作室还可以为文化多样性的保护和发展提供平台。工作室举办各种文化活动和展览，可以让更多的人了解和欣赏不同文化的魅力，从而促进社会的文化多样性和包容性，同时也能够促进不同文化之间的交流和融合。

3. 举办青年文化创意比赛与展览

定期举办青年文化创意比赛和展览是社区文化发展中的一项重要举措。这种活动不仅是为了鼓励青年艺术家和文化创作者展示自己的作品，更是为了促进文化创意产业的繁荣与发展。这样的比赛和展览活动可以为青年艺术家提供一个展示作品的平台，同时为他们与观众以及专业人士的交流和互动创造机会，从而激发更多的文化创新活力。

第一，青年文化创意比赛和展览活动为社区内部的青年艺术家提供了一个展示和分享作品的机会。在这样的活动中，青年艺术家可以通过展览自己的作品，向社区展示自己的创作理念和风格，才华和创造力。这不仅有利于提升青年艺术家的知名度和影响力，也能够激励更多的年轻人参与到文化创作中。

第二，青年文化创意比赛和展览活动为观众和专业人士提供了一个欣赏和评价青年艺术家作品的平台。观众参观这样的展览活动，可以接触不同风格和类型的艺术作品，增进自己对艺术的理解和鉴赏能力。同时，专业人士也可以通过这样的活动发现和挖掘具有潜力的青年艺术家，为他们提供更多的支持和机会。

第三，青年文化创意比赛和展览活动还有助于促进社区文化创意产业的发展，从而激发青年艺术家更多的文化创新活力，推动文化产业的不断发展和壮大。同时，这也为社区文化创意产业的发展提供了一个人才培养和输送的渠道，为文化产业的可持续发展奠定了基础。

第二节　公众参与文化传承的角色

一、参与文化活动的体验

（一）传统节庆的参与体验

1. 春节庙会的民俗表演

春节庙会作为中国传统文化中最具代表性的节庆之一，承载着丰富的民俗文化和深厚的历史内涵。其中，庙会上的民俗表演是吸引众多民众参与、体验和感受传统文化的重要方式之一。在庙会现场，民俗表演呈现出多样化的形式，其中最引人注目的莫过于舞龙舞狮、杂耍、戏曲演出等。

舞龙舞狮作为中国传统民间艺术的代表之一，在春节庙会上展现出其独特的魅力。巨龙或雄狮的形象通过灵活地舞动，栩栩如生地展现出来，舞者们则以娴熟的技艺配以鼓乐、锣鼓等节奏响应，使得整个表演场面热闹非凡。这种表演形式不仅吸引了孩子们的目光，也让成年人们感受到了传统文化的魅力，加深了他们对中国传统民俗艺术的了解和喜爱。

杂耍也是春节庙会上备受欢迎的民俗表演之一。杂耍艺人常常身着艳丽的戏服，手持各种道具，如刀、剑、火把等，表演各种高难度的技艺，如耍大刀、耍火、耍钢丝等，将中国传统的技艺和表演艺术展现得淋漓尽致。这些惊险刺激的表演不仅吸引了观众的眼球，也让人们感受到了中国传统民间艺术的博大精深，增强了人们对传统文化的自豪感和认同感。

春节庙会上的戏曲演出也是民俗表演的重要组成部分。演员们穿着华丽的戏服，扮演各色人物，演绎着各种传统故事和传奇传说，将中国古老的文化传统生动地呈现在观众面前。这些戏曲表演不仅展示了中国传统戏曲艺术的魅力，也让观众们在欣赏表演的同时，领略到了中国传统文化的博大精深。

2. 传统美食品尝

在春节庙会上，传统美食无疑是吸引众多游客的重要元素之一。饺子、汤圆、年糕等各种节日特色美食应有尽有，香气四溢，令人垂涎欲滴。这些美食不仅是中国传统节庆不可或缺的一部分，更代表着人们对美好生活的向往和祝福。

3. 年画展览的欣赏

在春节庙会中，年画展览区域陈列着各种传统年画作品，它们以独特的风格和丰富的寓意吸引观众的目光。公众通过欣赏这些年画，不仅能感受到中国传统绘画艺术的独特魅力，还能了解年画的历史渊源、艺术特点以及传统文化内涵。

年画独特的艺术风格和技法也是观众所关注的焦点。观众可以从年画的构图、线条运用、色彩搭配等方面感受到中国传统绘画艺术的魅力，领略到年画所展现出的美学价值和审美情趣。

（二）文化展览的参观体验

1. 历史文物展的深度了解

参观历史文物展是公众了解本土文化历史的重要途径之一。在这样的展览中，公众不仅能够近距离观赏到各种珍贵的历史文物，如青铜器、陶瓷、书画等，更重要的是，这些文物承载着丰富的历史信息和文化内涵，公众通过仔细观察和聆听专业讲解，能够对本土文化的发展历程、技艺水平以及社会生活等方面有更深入的了解。

青铜器作为中国古代的重要器物之一，是中国古代文明的象征和见证。在历史文物展中，观众可以欣赏到各种精美的青铜器，如鼎、觚、爵等，这些器物不仅体现了古代工匠的高超技艺，还反映了当时社会政治、经济和文化的发展状况。观众通过观赏青铜器可以了解古代社会的礼制制度、手工业发展水平以及古人社会生活状况，从而对古代社会有更深入的认识。

陶瓷是中国古代的另一项重要制品，具有悠久的历史和深厚的文化底蕴。在历史文物展中，观众可以欣赏到各种时期的陶瓷作品，如汉代的彩陶、唐宋的青瓷、明清的景德镇瓷等，每一件作品都展现了当时工匠们的精湛技艺和创作才华。观众观赏陶瓷不仅可以了解中国古代陶瓷的发展历程和技艺特点，还可以感受到其中蕴含的文化内涵和审美情趣，从而更深入地了解中国古代文化的精髓和魅力。

书画作为中国传统文化的重要组成部分，也常常成为历史文物展的重要展品之一。在展览中，观众可以欣赏到不同历史时期的各种书画作品，如唐代的碑刻、宋元的绘画、明清的书法等，这些作品既反映了当时社会的风貌和人们的生活状态，也展示了古代文人墨客的情怀和才华。

2. 传统工艺展的体验参与

参观传统工艺展是公众了解和体验传统手工艺技艺的重要方式之一。在这样的展览中，公众可以近距离地观赏到各种传统工艺品，如刺绣、陶艺、木雕等，以及工匠现场制作的过程。公众不仅能够欣赏传统工艺的精湛技艺，还可以亲身参与到制作过程中，感受传统工艺的乐趣和魅力。

刺绣作为中国传统手工艺之一，历史悠久，技艺精湛。在传统工艺展上，观众可以看到各种精美的刺绣作品，如绣花、绣鸟、绣虫等，每一件作品都展现了工匠们的精湛技艺。观众聆听专业讲解可以了解刺绣的历史渊源、技艺特点以及传统文化内涵，从而增进对刺绣艺术的认识和理解。

陶艺作为古老而又充满魅力的手工艺术，同样受到了公众的喜爱和追捧。在传统工艺展上，观众可以看到各种精美的陶艺作品，如陶罐、陶瓷、陶雕等，每一件作品都展现了工匠们的精湛技艺和创作才华。观众不仅可以欣赏到这些作品的造型和装饰，还可以通过现场制作的过程亲身体验到陶艺的魅力和乐趣，从而增进对陶艺文化的认识和理解。

木雕是中国传统手工艺中的重要组成部分，具有悠久的历史和丰富的文化内涵。在传统工艺展上，观众可以看到各种精美的木雕作品，如雕刻、木雕摆件、木雕屏风等，每一件作品都展现了工匠们的精湛技艺和艺术造诣。观众不仅可以欣赏到这些作品的雕刻技巧和造型设计，还可以通过现场制作的过程亲身体验到木雕的魅力和乐趣，从而增进对木雕艺术的认识和理解。

3. 当代艺术展的文化感悟

参观当代艺术展是公众了解和思考当代文化发展的重要途径之一。在这样的展览中，公众不仅可以接触各种当代艺术作品，如绘画、雕塑、摄影等，更重要的是，这些作品反映了当代艺术家对社会现实、文化问题以及个人情感的表达和思考。通过观赏和思考，公众可以深入了解当代文化的多样性和复杂性，也可以从中汲取启示，促进自身文化素养的提升。

当代艺术作为反映时代精神和文化内涵的重要载体，展示了艺术家们对当代社会和文化现实的思考和表达。在当代艺术展览中，观众可以看到风格迥异的作品，这些作品既有对社会问题的深刻反思，也有对个人情感的诗意表达。例如，一些绘画作品可能呈现出对城市化进程加快、人际关系复杂等社会现象的思考和关注；一些雕塑作品可能通过抽象的形式表达出艺术家内心的情感和情绪。这些作品不仅具有审美价值，更重要的是，它们提供了一个思考当代社会和文化问题的视角和平台，引导观众反思自己的生活和价值观念。

当代艺术展览所展示的作品涉及的主题和表现形式极为丰富，从抽象艺术到现实主义，从雕塑到装置艺术，无一不反映出当代社会和文化的多元化和多变性。观众可以从中感受到不同文化背景和思想观念的碰撞与融合，拓宽自己的视野和思维，增进对当代文化的理解和认识。

二、文化活动的志愿参与

（一）志愿者的参与

志愿者服务在文化活动的成功举办中扮演着重要角色。他们的参与为文化活动的组织和策划提供了重要支持，彰显了社会公众对文化传承的关注和支持，同时为活动的顺利进行和取得预期效果提供了有力保障。志愿者的服务内容贯穿了活动的策划、组织、执行等各环节。

首先，在活动筹备阶段，志愿者可以积极参与策划工作，与主办方共同商讨活动的主题、内容、形式等安排。他们可以提供创意和建议，为活动的顺利进行贡献自己的智慧和力量。

其次，志愿者可以参与活动的组织工作。在活动进行期间，志愿者可以负责协调活动现场的各项事务，包括人员调配、物资准备、设备布置等工作。他们可以根据活动的需要，统筹安排各项工作，确保活动的顺利进行。

最后，志愿者可以扮演导游的角色，为参与者提供活动内容的解说和介绍。他们可以向参与者介绍活动的主题、展品、展示内容等，解答参与者的疑问，帮助参与者更好地理解和体验活动。

（二）志愿者服务的促进作用

志愿者服务在文化活动中的参与不仅为活动提供了必要的人力资源，更重要的是，它具有促进社会大众对文化传承的参与关注的重要作用。志愿者们的积极参与让更多的人能够亲身感受到文化活动的魅力，从而激发公众对文化传承的兴趣，推动文化传承的发展和繁荣。

首先，志愿者服务为文化活动提供了必要的人力支持。在文化活动的策划、组织和执行过程中，志愿者们提供了大量的无偿的服务，为活动的顺利进行和成功举办提供了重要的人力资源支持。他们可以协助活动的布置与搭建、提供导览服务、负责安保工作等，为活动现场的各项工作提供有力的支持，确保活动的顺利进行。

其次，志愿者服务促进了社会大众对文化活动的参与关注。志愿者的参与使活动不再是少数人的事情，而是成为社会大众共同参与的文化盛宴。志愿者们作为活动的参与者和组织者，成为文化传承的传播者和推动者，为文化传承的发展奠定了坚实基础。

最后，志愿者服务为社会大众提供了参与文化传承的平台和机会。志愿者们的积极参与可以激发公众对文化活动的兴趣和热情，为广大群众提供参与文化传承的机会和渠道，促进文化传承的广泛传播和推广。

（三）志愿者精神的传承与发扬

1. 表彰制度的建立

为了弘扬志愿者精神，社区可以建立健全志愿者表彰制度，通过定期评选优秀志愿者，并给予表彰和奖励，激励公众积极参与文化活动的志愿服务。

2. 优秀志愿者的榜样作用

优秀志愿者的事迹可以成为其他志愿者学习的榜样。宣传他们的事迹，可以激发更多人参与志愿服务，传承和发扬志愿者精神。

3. 志愿者精神的传承

志愿者精神的传承还需要通过教育和宣传，让更多的人了解志愿者的价值和意义，从而激发他们的参与热情，形成全社会共同参与文化活动的良好氛围。

三、文化教育的参与支持

（一）参与文化教育活动

公众参与各类文化教育活动是一种重要的文化传承方式。这些活动包括艺术培训班、传统技艺工作坊等，为公众提供了学习和传承当地传统文化的机会。公众积极参与这些活动，不仅可以学习到传统的文化技艺和知识，还能够增进对传统文化的理解和认知，从而促进传统文化的传承和发展。

公众参与艺术培训班，可以学习到各种传统艺术技艺，如传统绘画、书法、剪纸等。学员们经过专业教师的指导，可以掌握传统艺术的基本技巧和表现方法，深入了解传统艺术的内涵和特点。这种学习过程不仅有助于公众提升自己的艺术修养和审美素养，还能够加深对传统文化的认识和理解。

除了艺术培训班外，传统技艺工作坊也是公众参与文化教育活动的重要形式之一。在这些工作坊中，公众可以学习到各种传统手工艺技艺，如陶艺、木工、刺绣等。学员们通过亲身实践和体验，可以了解传统技艺的工艺流程和技术要点，感受传统工艺的魅力和独特之处。参与传统技艺工作坊不仅可以丰富公众的业余生活，还能够促进传统手工艺的传承和发展，保护和弘扬民间文化遗产。

此外，公众也可以积极参与文化教育活动的筹备和组织工作。例如，公众可以担任活动的志愿者，负责活动的布置与搭建、接待服务、安保工作等；也可以参与到活动的宣传推广工作中，扩大活动的影响力和知名度。通过这种方式，公众不仅能够为文化教育项目的顺利进行提供切实的帮助，还能够深入参与到文化传承和发展的过程中，感受到快乐和自豪。

（二）传承文化知识与技艺

公众通过参与文化教育活动，不仅可以学习到传统文化的知识和技艺，更重要的是，他们可以将所学的文化知识和技艺传承和发展下去，为文化传承的延续和发展做出重要贡献。这种传承不仅体现在个人的行为和实践中，更涉及对后人的传授和教育，以确保传统文化得以传承和发展。

以参与传统乐器演奏班的学员为例。在这样的班级中，学员们不仅可以学习到古琴、琵琶等传统乐器的演奏技艺，更重要的是，他们可以将自己在学习过程中积累的经验和技巧传授给学习者，促进古琴文化等传统音乐文化的传承和发展。这种传承不仅有助于保护和弘扬传统音乐文化，还能够为这些文化的进一步发展提供人才和资源支持。

第三节　社会团体与文化创新

一、组织文化活动的重要性

（一）社会团体作为文化创新的推动者

1. 文化活动的多样性与丰富性

社会团体组织的文化活动不仅可以涵盖传统的艺术表演、展览，还可以拓展至新兴的文化体验、数字艺术等领域，以满足不同群体的审美需求与文化享受。

2. 激发公众文化参与的热情

社会团体通过举办各类文化活动，能够唤起公众对文化的关注与参与，推动广大民众融入文化生活，促进文化的传承与发展。

3. 塑造良好的文化氛围

文化活动的开展能够营造积极向上、包容开放的文化氛围，推动社会文明程度的提升，促进文明社会的构建与发展。

（二）推动新思想的涌现

1. 提供思想碰撞的平台

文化团体举办的各类文化活动为不同文化背景、观念倾向的人们提供了交流与对话的机会，促进了不同思想流派的碰撞与融合。

2. 激发创新意识与创作灵感

通过呈现具有前瞻性和创新性的文化作品及思想，文化团体能够激发艺术家和文化从业者的创作灵感，激励他们勇于探索、不断创新，促进文化创新的持续发展。

（三）灵活应对社会发展的需求

1. 持续更新活动内容与形式

文化团体需要灵活调整活动内容与形式，引入新的元素与理念，以适应时代发展的要求，保持活动的吸引力和影响力。

2. 结合当下热点话题与社会问题

文化团体可以结合当下的热点话题与社会问题，开展相关的文化活动，引导公众关注和参与。

3. 加强与其他领域的合作与交流

文化团体可以加强与其他领域的合作与交流，吸收其他领域的经验与资源，实现资源共享与优势互补，推动文化创新的跨界融合与发展。

二、灵活应对社会发展需求

（一）持续更新活动内容与形式

1. 借助数字科技手段开展线上活动

随着数字科技的发展，文化团体可以开展线上文化活动，如线上艺术展览、网络文化讲座等，以适应公众的线上参与需求，拓展活动的覆盖范围，提高文化活动的影响力和可及性。

2. 创新活动形式与体验方式

文化团体可以不断尝试新的活动形式与体验方式，如文化主题游园活动、虚拟现实艺术体验等，吸引更多群体参与，丰富文化活动的内容和形式。

（二）结合当下热点话题与社会问题

1. 组织社会文化调研与研讨

文化团体可以开展与当下热点和社会问题相关的文化调研及研讨活动，深入挖掘社会文化内涵，为社会问题的解决提供文化思考和智慧支持。

2. 举办主题性文化活动

结合社会热点话题，文化团体可以策划主题性的文化活动，如社会公益文化义卖、环境保护主题文化展览等，引导公众关注社会问题，促进社会意识的提升与转变。

（三）加强与其他领域的合作与交流

1. 开展跨界文化交流项目

文化团体可以与其他领域的组织机构开展跨界合作，如与教育机构合作举办文化教育活动、与企业机构合作开展文化创意产业项目等，共同推动文化创新与发展。

2. 建立多元化的文化资源共享平台

文化团体建立文化资源共享平台，可以与其他领域的组织机构分享资源和经验，实现资源共享与优势互补，促进文化创新与发展的跨界融合。

第七章　跨文化交流与创新

第一节　全球化对文化传承的影响

一、全球化对文化传承的多层面影响

（一）全球化对文化的影响

1. 文化同质化的趋势

随着全球化的不断推进，文化同质化成了一种不可阻挡的趋势。全球范围内，不同文化之间的交流变得日益频繁，这促使文化元素的混合与融合，然而也带来了一定程度的文化同质化现象。在这一过程中，一些传统文化元素可能受到同质化的影响，失去其鲜明的特色。

在全球化浪潮下，流行文化在不同国家和地区之间迅速传播，例如，美国的好莱坞电影、流行音乐等快餐文化。这种同质化现象导致一些地方性的传统文化逐渐被边缘化，甚至消失，造成文化多样性的流失。

流行文化的传播往往是由于其在商业化、媒体化以及数字化等方面的优势，它们能够通过大规模的传播迅速渗透到各个角落。同时，一些大型跨国公司的文化产品输出也加剧了这一趋势。这些流行文化产品往往迎合了广大受众的口味，具有较强的市场吸引力，从而形成一种全球性的文化标准。

文化同质化的另一个原因是信息技术和互联网的发展，它们打破了传统的时间和空间限制，使得文化交流更加便捷和迅速。人们可以通过互联网轻松获取来自世界各地的文化产品和信息，这加速了文化的融合与同化过程。

2. 文化认同带来的挑战

随着不同文化之间的交流增多，个体的文化认同变得更加多元化和复杂化。在全球化时代，人们的活动不再仅仅局限于自己所在文化圈，而是面对着来自世界各地的文化冲击和影响。一些传统文化面临着被边缘化的风险，特别是在年青

一代中。年轻人更容易接受来自其他文化的影响，而不是传统的文化价值观。

这种文化认同的多元化导致一种身份认同的困惑，尤其是对于那些生活在跨文化环境中的个体来说。他们同时承载着多种文化的影响，难以明确自己的文化身份。这种情况下，他们面临着对自己文化身份的重新思考和重新定义。他们需要面对的不仅是来自外界的文化冲击，更是内心的文化认同挣扎。这种文化认同的转变对文化传承产生深远影响。传统的文化价值观会被边缘化，甚至消失。随着新一代人的文化认同发生变化，一些传统文化的传承也面临着危机。

（二）跨文化融合与创新

全球化为不同文化的交流提供了机会，促使文化元素发生融合与创新。在跨文化交流的过程中，不同文化之间的相互影响促进了新的文化形态的产生，这为文化的创新带来了新的机遇。

文化融合既是一种机遇，也是一种挑战。在文化融合的过程中，各种文化元素相互交融，产生新的、更具创造性的文化形式。例如，在音乐、艺术和文学等领域，跨文化融合往往激发了新的艺术表达和创作方式，丰富了人类的文化遗产。

跨文化创新也促进了文化的多样性和包容性。在跨文化交流过程中，人们更加开放地接受不同文化的观念和价值观，从而促进了文化的多元化和包容性。这种文化的多样性和包容性不仅丰富了人类的文化遗产，也为文化传承提供了更广阔的发展空间。

二、跨文化创新中的机遇

1. 跨文化团队的组成

在全球化的环境中，跨文化团队的形成为创新提供了新的动力。这样的团队由来自不同国家，具有不同宗教信仰、语言和价值观的成员组成。跨文化团队的成员具有丰富的经验、知识和技能，这使得团队能够应对复杂多变的挑战并提供创新的解决方案。

跨文化团队的多元性是其最大的优势之一。团队成员来自不同的国家和地区，他们在不同的文化背景中成长，具有不同的经历和视角。这种多元性使得团队能够从不同的角度审视问题，吸取不同的经验和知识，为创新提供了丰富的资源。例如，来自不同国家的团队成员可能对本地市场和文化有深入的了解，这有助于团队更好地理解消费者需求并开发出适合当地市场的产品和服务。

此外，跨文化团队的成员还拥有不同的技能和专业知识。他们具有不同的专业背景，如工程、设计、营销、人力资源等，这为团队提供了全方位的专业支持。团队成员可以相互补充，共同解决复杂的问题，推动创新的发生。

2. 跨文化创新的市场竞争优势

跨文化创新在全球市场竞争中具有重要优势。通过不断地融合和创新，企业能够开发出具有独特性和差异化的产品和服务，从而在激烈的市场竞争中脱颖而出。跨文化创新不仅使企业能够应对不同国家和地区的消费者需求，还能够在市场中建立独特的品牌形象和竞争优势。

（1）跨文化创新带来的独特性和差异化

由于不同文化背景下的消费者具有不同的需求和偏好，传统的“一刀切”市场策略往往难以有效地满足所有消费者的需求。而通过跨文化创新，企业能够开发出更加贴近不同文化需求的产品和服务，从而获得更多消费者的青睐。例如，某些跨文化餐厅在菜单设计和装修风格上融合了多种文化元素，吸引了来自不同文化背景的消费者，从而在市场上占有一席之地。

（2）跨文化背景的团队能够更好地理解不同国家和地区的消费者需求

由于团队成员来自不同的文化背景，他们对于不同文化下的消费者行为有独特的见解和理解。这使得团队能够开发出更具针对性和市场前瞻性的产品和服务，从而更好地满足消费者的需求。例如，一家跨国企业在开发新产品时，通过跨文化团队的合作，能够更准确地把握不同国家和地区的消费者需求，从而提高产品的市场适应性和竞争力。

（3）跨文化创新能够帮助企业建立独特的品牌形象和竞争优势

在全球化的竞争环境下，吸引人的品牌形象和产品差异化是企业在市场上脱颖而出的重要因素。企业通过跨文化创新，能够开发出独具特色的产品和服务，并通过这些产品和服务在市场上建立独特的品牌形象。这使得企业能够在激烈的市场竞争中脱颖而出，赢得更广泛的市场份额和更持久的竞争优势。例如，一些跨文化时尚品牌通过融合不同文化的设计元素，成功地树立了自己在全球时尚市场中的独特形象，吸引了众多消费者的关注和喜爱。

三、跨文化创新中的挑战

（一）跨文化沟通与理解障碍

1. 语言障碍

在跨文化创新团队中，成员拥有不同的语言背景，这种多样性虽然丰富了团队的思维和资源，但也可能带来语言障碍，阻碍有效沟通和协作。这些语言障碍源自不同语言系统之间的差异，包括语音、语法、词汇和表达习惯等方面。例如，在表达意见、提出建议或者解决冲突时，可能会因为语言习惯的不同而产生误解或者引发不必要的争执。这些语言障碍如果不能及时有效地解决，很容易影响团队的协作效率和创新能力，甚至导致项目的失败。

2. 价值观差异

在跨文化团队中，成员来自不同的文化背景，往往持有不同的价值观念和行为准则，这些差异会深刻地影响团队成员之间的相互交流与合作。其一，对时间的看法存在差异。一些文化更注重准时，将时间视为有限且可分割的资源，强调效率与时间管理，而另一些文化则更倾向于弹性时间观念，更注重事件本身的顺利进行而不受时间限制的拘束。这种时间观念上的差异会导致团队成员在约定会议时间、项目完成期限等方面产生误解或者冲突。其二，权力结构的认知也存在不同。有些文化崇尚权威，强调领导者的权力和决策权，而另一些文化则更注重平等和民主，倾向于集体决策和合作共享权力。这种权力结构上的差异会导致团队成员在领导风格、决策方式等方面发生分歧与摩擦。其三，个人主义与集体主义的差异也是一个重要方面。一些文化更倾向于强调个体的独立、自我实现和竞争，而另一些文化则更注重团体的整体利益、合作和共同体意识。这种差异会在团队成员之间造成合作意愿、责任分配等方面的摩擦和障碍。

（二）文化敏感性与创新平衡

1. 创新风险

在跨文化创新过程中，创新风险不可避免。这种风险主要源于过度改变或忽视传统文化元素所导致的文化冲突，这会严重影响创新的可持续发展。创新者往往因为追求新颖性而忽视了文化传承的重要性，这导致产品或服务的市场适应性不佳，进而影响创新项目的成功与持续发展。文化冲突源自人们对文化价值和信仰的不同理解，导致他们在创新方向、产品设计以及市场定位上产生分歧。例如，在设计产品功能或服务流程时，创新团队如果忽视了某些文化特色或传统习惯，则会导致产品无法获得目标市场的认可与接受，从而影响创新的实施效果。此外，在跨文化创新过程中，还可能出现跨文化沟通不畅的情况，导致团队成员之间的合作困难，影响创新项目的进展。为降低创新风险，跨文化创新团队需要充分了解各自的文化背景，并在创新过程中尊重、保留并融合传统文化元素，以确保创新项目的市场适应性与持续发展。这包括建立开放、包容的沟通氛围，积极倾听并整合各种文化视角，以确保创新成果符合目标市场的文化特点与需求。同时，创新团队还应该加强跨文化协作与交流，提高团队成员的跨文化沟通能力，有效化解成员因文化差异而引发的潜在冲突，促进跨文化创新的顺利实施与推进。

2. 社会接受度

跨文化创新所面临的挑战之一是社会接受度的问题。社会接受度在很大程度上受到传统文化的情感联系和认同感的影响。当创新涉及敏感文化领域或价值观念时，社会接受度的挑战就会变得尤为突出。传统文化在人们心中扎根深厚，具有历史、文化和情感上的重要性，因此，任何试图改变或颠覆传统文化的创新都可能面临社会的拒绝和抵触。人们会因为对传统文化的情感依恋而对新产品或服务持怀疑态度，甚至拒绝接受它们。这种情况在涉及敏感文化领域的创新时尤为明显，如民族、价值观念等方面。在这些领域，人们往往更加保守和谨慎，对于任何可能触碰传统文化底线的创新都会持怀疑甚至敌对的态度。因此，跨文化创新团队在面对社会接受度挑战时，需要认真考虑传统文化的影响，并积极寻找与传统文化相融合的创新方向。这意味着团队不仅要尊重传统文化，还要善于借鉴和汲取传统文化的精华，将创新产品或服务与传统文化相结合，以提升社会接受度。此外，跨文化创新团队还需要通过广泛的社会调研和市场分析，深入了解目标受众的文化特点和需求，以有针对性地制订创新策略，提高新产品或服务在社会中的接受度和认可度。

第二节　跨文化交流中的文化适应与创新

一、文化适应为创新提供基础

（一）促进团队成员之间的理解与合作

1. 文化适应促进跨文化理解

文化适应在跨文化团队中发挥至关重要的作用，它促进了团队成员之间的跨文化理解与沟通。团队成员通过文化适应，能够更好地理解彼此的文化背景和差异，从而建立更加融洽的合作关系，并为创新的实现奠定基础。

在跨文化团队中，每个成员都具有独特的文化背景和价值观念。这些文化差异涵盖语言、习俗、价值观等方面。文化适应使得团队成员能够更加敏感地认识到这些差异，并且尊重彼此的文化背景。这种理解是建立在尊重和包容基础上，使得团队成员之间能够更加和谐地相处，避免文化冲突和误解的发生。

2. 建立和谐、融洽的合作关系

在跨文化团队中，每个成员都具有独特的文化背景和价值观念，而文化适应使得团队成员能够更加敏锐地认识到这些文化差异，并且以开放、包容的态度对待这些差异。这种相互理解和尊重不仅可以消解团队成员之间的文化隔阂和偏见，还能够增进彼此的信任，为合作关系的建立打下坚实的基础。

当团队成员之间存在和谐、融洽的合作关系时，团队协作的效率和质量也会得到提升。这种和谐的合作关系使得团队成员之间更愿意分享想法、倾听彼此的意见，从而促进团队内部的沟通和协作。团队成员可以更加自由地提出问题、解决问题，不会因为文化差异而导致沟通的困难和阻碍。这种畅通的沟通渠道有利于团队成员之间更加紧密地协作，共同推动创新的实现。

此外，和谐、融洽的合作关系还有助于提升团队的凝聚力和团队氛围。当团队成员之间存在良好的合作关系时，团队的凝聚力会得到增强，团队成员之间的归属感和认同感也会提升。团队成员会更愿意为团队的共同目标而努力奋斗，相互之间也会更加支持和鼓励。这种积极的团队氛围有助于激发团队成员的工作热情和创造力，推动团队不断向前发展。

（二）融合不同文化的思维方式与视角

1. 充分利用不同文化的优势

文化适应的重要性在于它能够促进团队成员充分利用不同文化的优势，从而推动创新思维的碰撞和融合。在跨文化团队中，每个成员都具有独特的文化背景和价值观念，而文化适应使得团队成员能够更好地汲取彼此文化的优点和特点，相互之间进行思想交流和启发，从而产生更加丰富和多样化的创新思路。

2. 拓展创新思维的边界

文化适应在拓展创新思维的边界方面具有重要作用。团队成员通过文化适应能够开阔视野，从不同的文化背景中汲取新的灵感和想法，进而推动创新思维的深化和拓展。跨文化合作为团队成员提供了一个交流和学习的平台，使得他们能够跳出自身文化的限制，更加全面地理解和接受多样化的观念和想法。

在跨文化团队中，团队成员不仅是传统意义上的合作伙伴，更是相互间的学习者和教育者。团队成员分享彼此的文化背景、经验和知识，能够相互启发，激发出更多的创新思维和创意。这种相互学习和启发有助于促进团队成员之间的共同进步，进而推动创新思维的不断深化和拓展。

二、文化适应推动创新的发生与实现

文化适应在跨文化交流中扮演重要角色，特别是在促进沟通与交流方面发挥关键作用。文化适应有助于打破跨文化交流中的沟通壁垒，促进团队成员之间的积极交流与互动。团队成员若能理解并尊重彼此的文化差异，将更倾向于敞开心扉，分享自己的想法和观点。这种开放的沟通氛围不仅有利于加强团队内部的凝聚力和信任度，也能激发创新的灵感和想法，为创新的萌芽提供了良好的土壤。

1. 促进团队成员的沟通

文化适应消除了由文化差异而产生的语言、习惯、信仰等方面的隔阂，使得团队成员之间更容易建立有效的沟通渠道。团队成员在理解并尊重他人的文化背景后，更愿意倾听和接受来自不同文化的观点和建议，从而促进沟通的开展和深化。

2. 提高团队成员的跨文化沟通能力

在文化适应的过程中，团队成员不仅是在适应他人的文化，更是在学习如何有效地与来自不同文化背景的人进行沟通。他们学会尊重他人的文化差异，灵活运用适当的沟通方式和策略，以确保沟通的顺利进行和有效达成目标。

3. 有助于建立开放的沟通氛围

团队成员在适应彼此文化的过程中，逐渐建立一种开放包容的沟通氛围，鼓励成员自由地表达观点、分享经验和提出建议。这种开放的沟通氛围为创新提供了宝贵的机会，成员可以自由地提出新的想法和方案，为团队的创新发展注入新的活力。

三、创新激发文化适应的需求

创新不仅是文化适应的先决条件，同时也是推动文化适应能力不断演进的重要因素。在跨文化团队中，创新的不断推动促使团队成员接触新的文化元素、观念和实践方式，从而及时调整和改进自己的文化适应策略。

首先，创新引入了新的文化元素和观念，挑战了团队成员原有的文化认知和模式。这种挑战促使团队成员不断审视和调整自己的文化适应策略，以更好地适应新的文化环境和要求。例如，当团队成员在创新项目中遇到来自不同文化背景的合作伙伴时，他们会面临不同的工作方式、沟通习惯和决策模式，需要灵活地调整自己的文化适应策略，以更好地融入和协作。

其次，创新激发了团队成员对文化适应能力的提升需求。随着创新项目的不断推进，团队成员只有具备良好的文化适应能力，才能更好地应对不断变化的环境和挑战。因此，他们会自觉地寻求适应文化变化的方法和策略，不断提升自己的跨文化沟通、协作和解决问题的能力。这种自我提升的过程使得文化适应能力能够不断演进，适应不断变化的文化环境和需求。

最后，创新项目的不断推进也促使团队成员之间进行更深层次的文化交流和互动。通过创新项目，团队成员将共同面对挑战、解决问题，并分享成功的喜悦。在这个过程中，团队成员之间不断地交流和学习彼此的文化特点和工作方式，促进彼此的文化适应和融合。这种文化交流和互动有助于团队成员更好地理解和尊重彼此的文化，推动文化适应能力的不断演进和提升。

第三节　国际合作与文化共创

一、跨国合作与文化传承

（一）跨国合作的重要性

在当今全球化的时代背景下，跨国合作在推动文化传承方面显得越发重要。这种合作不仅为文化传承提供了更加广阔的舞台，也为不同国家、地区之间的文化元素交流与融合提供了有力的支持。文化传承的范围已经不再局限于传统的艺术领域，而是涵盖了文学、音乐、舞蹈、电影等各个方面。不同文化背景下的文化元素相互碰撞、交流，促进了新的创意和表现形式的涌现，推动了共同的文化传承。

在跨国合作的框架下，各国的文化艺术形式在全球范围内得到展示和传播。艺术家、文化工作者、学者和机构之间的合作不仅拓展了文化传承的边界，也加深了他们对不同文化的了解和尊重。例如，各国艺术家可以共同创作跨文化的作品，融合不同国家的传统和现代元素，从而打造出具有全球影响力的艺术作品。这种跨国合作不仅促进了文化创意的跨界融合，也丰富了世界各地的文化遗产，推动了文化传承的持续发展。

（二）跨国合作的实践案例

1.“丝绸之路”国际合作文化节

《丝绸之路》国际合作文化节是一项旨在促进丝绸之路沿线国家之间文化交流与合作的重要活动。这一文化节由多个国家共同举办，通过艺术展览、表演、讲座等多种形式，展示了丝绸之路历史上的文化遗产和当代艺术成就。丝绸之路作为古代东西方交流的重要通道，孕育了丰富多彩的文化，其文化遗产和历史价值影响深远。这一文化节通过展示和弘扬丝绸之路的文化遗产，不仅加深了人们对这一古代贸易路线的了解，也为沿线国家之间的文化传承和交流提供了重要平台。

在《丝绸之路》国际合作文化节上，各国能够展示本国的文化瑰宝，人们也可以欣赏到丝绸之路沿线国家丰富多彩的艺术作品，包括绘画、雕塑、陶瓷等，这些作品承载着丝绸之路文化的精髓和历史记忆。同时，文化节还举办各种形式的表演活动，包括音乐会、舞蹈表演、戏剧演出等，展示了丝绸之路沿线国家的表演艺术和民间文化。此外，讲座和学术研讨会等活动也为各国学者和文化工作者提供了交流和合作的机会，促进了丝绸之路沿线国家之间的学术交流与合作。

《丝绸之路》国际合作文化节的举办，不仅促进了丝绸之路沿线国家之间的文化交流与合作，也为世界各国人民了解和欣赏丝绸之路文化提供了重要平台。人们通过这一活动，可以更加深入地了解丝绸之路历史上的文化遗产，感受东西方文化交流的深厚历史底蕴。同时，这一文化节也为各国艺术家和文化工作者搭建了交流与合作的平台，促进了丝绸之路沿线国家之间的文化共创与创新。

2. 跨国音乐合作项目

跨国音乐合作项目在当今文化传承中扮演着重要角色，它是音乐界跨越国界进行合作演出的典型实践之一。国际知名音乐家和乐团常常参与这样的项目，通过跨国合作，他们融合不同文化的音乐元素，创作出具有独特魅力的音乐作品。这种合作不仅是为了艺术上的交流与创新，更是为了推动不同国家音乐文化的传承与发展。

首先，跨国音乐合作项目丰富了音乐的表现形式。通过融合来自不同文化背景的音乐元素，合作项目呈现出多样性和丰富性。例如，西方古典音乐与东方传统音乐的融合、流行音乐与民族音乐的碰撞等，都展现了跨国合作项目带来的音乐创新。这种多元化的音乐表达不仅拓展了音乐的风格和形式，也丰富了人们对音乐的审美体验，推动了音乐艺术的发展。

其次，跨国音乐合作项目促进了不同国家音乐文化的传承与发展。不同国家的音乐家通过合作演出、录音制作等方式，能够相互学习、借鉴，传承和发扬各自的音乐传统与文化特色。这种跨文化的交流与合作，有助于打破音乐界的地域壁垒，促进世界音乐文化的交流与融合。同时，跨国音乐合作项目也为本地音乐文化的传承和发展注入新的活力，激发音乐创作的潜能，提升音乐水平与质量。

二、国际机构对文化项目的支持

（一）联合国教科文组织专项基金的设立

联合国教科文组织（United Nations Educational Scientific and Cultural Organization，UNESCO）作为国际性的组织，在文化领域具有重要地位，其设立专项基金旨在支持全球范围内的文化项目。

1. 资助项目

（1）文化遗产保护

UNESCO 的专项基金通常用于支持各种文化遗产保护项目，包括世界文化遗产的保护与修复、文化遗产数字化等。

（2）文化多样性促进

这些基金也可以用于促进文化多样性，支持各国开展文化交流、文化教育以及文化产业发展，从而增进不同文化之间的理解与尊重。

（3）艺术交流

UNESCO 的专项基金还可以资助各种艺术交流项目，包括国际艺术节、艺术家交流计划等，促进世界各地艺术的交流与合作。

2. 资金分配机制

（1）项目提案

各国或地区可以向 UNESCO 提交项目提案，说明项目的目标、预期成果以及所需资金等信息。

（2）评审过程

UNESCO 通常会设立专门的评审委员会或专家组对项目提案进行评审，评估其重要性、可行性以及对文化事业的贡献程度。

（3）战略重点考虑

在资金分配过程中，UNESCO 会考虑自身的战略重点，优先考虑那些与其使命和目标更加契合的项目。

3. 成效评估

（1）项目跟踪

UNESCO 会对资助的项目进行跟踪，监督项目的进展情况，确保资金的有效利用。

（2）评估标准

评估项目的成效通常涉及项目目标的实现程度、对文化事业的贡献、对社会的影响等方面。

（3）可持续性考量

评估过程中也会考虑项目成果的可持续性，即项目结束后对文化事业的长期影响和价值。

（二）国际文化发展基金的运作模式

国际文化发展基金（International Cultural Development Fund，ICDF）是由多个国家或地区共同出资设立的，旨在促进文化领域的发展与合作。

1. 资金运作方式

（1）基金管理机构

ICDF 通常设立委员会或董事会，负责管理基金的运作和资金的使用。这些管理机构由基金的出资国或地区共同组成，以确保各方利益得到充分考虑。

（2）资金管理与监督

委员会或董事会负责制定资金使用政策、审核项目提案、监督资金的使用情况，并定期向出资国或地区报告基金的运作情况。

（3）公开透明

ICDF 的资金运作通常遵循公开透明的原则，以确保决策过程公正合理，并对资金的使用情况向社会公众进行披露。

2. 资助对象

（1）创新性项目

ICDF 主要资助那些在文化领域具有创新性的项目，如文化创意产业、跨文化交流等，以推动文化领域的发展与创新。

（2）实用性项目

ICDF 的资助对象通常是那些具有实际应用价值的项目，能够解决文化领域面临的现实问题，提高文化产业的竞争力和可持续发展能力。

（3）可持续性项目

ICDF 倾向于资助那些具有长期可持续发展潜力的项目，能够在资金支持结束后自行运作并产生持续的社会效益。

3. 资助方式

（1）项目资助

ICDF 通过直接向项目提供资金支持的方式来促进文化领域的发展。这种资助方式通常需要申请者提交详细的项目计划和预算，并须通过严格审核和评估。

（2）奖学金支持

为了培养文化领域的人才，ICDF 会提供奖学金，资助学生或研究人员进行文化领域相关的学习和研究。

（3）合作研究项目

ICDF 通过支持国际合作研究项目的方式来促进文化领域的发展与合作。这些项目通常涉及多个国家或地区的合作，致力于解决文化领域的共同问题。

4. 成效评估

（1）项目跟踪与评估

ICDF 会对资助项目进行跟踪和评估，监测项目的进展情况、达成的成果以及对文化领域的影响，以确保资金的有效使用和项目的可持续发展。

（2）资金使用策略调整

基于对项目的评估结果，ICDF 会及时调整资金的使用策略，调整资助重点或方式，以更好地满足文化领域的需求。

（3）经验总结与借鉴

ICDF 会定期总结项目的经验教训，为未来项目的开展提供借鉴和参考，不断提高资助效率和项目质量。

（三）国际艺术基金的资助机制与项目范畴

1. 资助机制

（1）项目资助

国际艺术基金（International Arts Found，IAF）通过设立项目资助方式来支持各种艺术项目的发展。艺术家或艺术团体可以向基金提交项目提案，经过评审后获得经济资助，用于项目的策划、制作以及演出或展览等活动。

（2）机构资助

除了直接资助项目外，IAF 还向艺术机构、文化组织或艺术团体提供资金支持，帮助它们开展更广泛的艺术活动，如文化节、展览、巡回演出等。

（3）个人资助

IAF 也向个人艺术家提供直接资助，支持他们的创作和研究活动。这种资助包括奖学金、艺术家驻地计划等形式。

2. 资助范畴

（1）舞蹈

IAF 资助范围涵盖了各类与舞蹈相关活动，包括现代舞、民族舞、古典舞等。

资助项目涉及舞蹈表演、创作、培训等方面。

（2）音乐

IAF 也资助音乐领域的项目，包括音乐会、音乐节、音乐教育等。资助对象是音乐家、乐团、音乐学校等。

（3）戏剧

IAF 支持戏剧艺术的发展，资助剧场演出、戏剧工作坊、戏剧创作等项目，促进戏剧文化的传播和交流。

（4）视觉艺术

资助范畴还包括绘画、雕塑、摄影等各种视觉艺术形式。IAF 资助艺术家的创作项目、艺术展览等。

3. 项目评估标准

（1）创新性

申请资助的项目需要具有一定的创新性，即在艺术形式、内容或表现方式上有新的突破和探索，能够为艺术领域带来新的思考和启发。

（2）可持续性

项目的可持续性也是评估的重要标准，即项目在资助期限结束后能够自行运作并产生长期影响，而不是仅依赖于外部资金的持续支持。

（3）国际合作性

IAF 鼓励项目具有国际合作的特点，能够促进不同国家、地区的艺术家和机构之间的交流与合作，推动跨文化的艺术交流和发展。

4. 资金分配机制

（1）公平公正

IAF 采取公平公正的资金分配机制，确保每个申请者都有平等的机会获得资助，并根据项目的质量、影响力和社会效益等因素进行评估和分配。

（2）评估过程

资金分配通常经过严格的评审过程，由专业评审团或委员会对项目提案展开评估，并根据评估结果进行资金分配。

5. 合作与交流

（1）资助项目之间的合作与交流

IAF 鼓励资助项目之间开展合作与交流，促进艺术家和机构之间的跨文化交流与合作，拓宽艺术创作的视野和空间。

（2）国际合作平台的建设

IAF组织国际性的艺术节、展览、研讨会等活动，为艺术家和机构提供交流和合作的平台，促进艺术的多元发展和交流。

第八章　结论与展望

第一节　研究发现总结

一、文化传承的理论基础

文化传承的理论基础得到了全面梳理，包括对文化的定义与范畴的综合分析，对传承的概念与机制的深入探讨，以及国际上的文化传承案例研究的实证支持。这些研究揭示了文化传承的多样性与复杂性，为研究人员进一步研究文化传承提供了坚实的理论基础。

二、创新理论与文化创新

研究对创新理论与文化创新的阐述深入浅出，从创新的概念与分类到文化创新的内涵与特征，再到创新与传统文化的互动关系，形成了完整的理论框架。而对案例的具体分析，丰富了创新理论的内涵，为文化创新的实践提供了有力支持。

三、文化传承与创新的冲突与融合

研究对传承与创新的冲突与融合进行了深入剖析，提出了保护与创新之间的平衡策略，并总结了传承中的创新策略。这些研究为维护传统文化活力提供了实践建议，同时也为文化传承与创新的实践工作提供了参考。

四、数字化时代下的文化传承

研究探讨了数字技术、虚拟现实、社交媒体等新技术对文化传承的影响，分析了数字化时代对文化体验的深远影响。这些研究为推动传统文化在数字化时代的传承与创新提供了重要的理论支持和实践指导。

五、社会参与文化创新

研究对社会参与在文化创新中的重要性进行了深入分析，为构建更加包容的文化传承环境提供了理论支持，为文化创新的实践工作提供了启示。

六、跨文化交流与创新

研究探讨了全球化对文化传承的影响，分析了跨文化创新的机遇与挑战，跨文化交流中的文化适应与创新，阐述了国际合作与文化共创的实践经验。这些研究为促进不同文化之间的交流与合作，推动文化传承与创新事业不断发展提供了重要的理论支持和实践经验。

第二节　对文化传承与创新的理论贡献

一、系统梳理文化传承与创新的理论基础

（一）清晰的理论框架与基础概念

1. 文化的定义与范畴综合分析

文化是一个多维度、多层次的概念，其定义与范畴在不同学科领域有不同的解释。本研究从人类学、社会学、文化学等多个学科的角度综合分析了文化的定义与范畴，通过对文化的内涵、外延、特征等方面进行梳理，突出了文化的多元性与复杂性，为后续对文化传承与创新的研究提供了理论基础。

2. 传承的概念与机制深入研究

传承作为文化传播的重要方式，对于文化的延续与发展至关重要。本研究对传承的概念与机制进行了深入研究。其一，本研究界定了传承的含义，强调了其与时间、空间、社会环境等因素的关系。其二，本研究分析了传承的机制，探讨了口头传承、书面传承、实践传承等不同形式的传承方式，以及传承者与接受者之间的互动关系，从而揭示了传承在文化中的重要作用与运作机理。

（二）促进对文化传承与创新的深入理解

1. 清晰的理论路径与框架建立

本研究通过对文化传承与创新的理论基础进行系统梳理，建立了清晰的理论路径与框架，有助于促进人们对文化传承与创新的深入理解。本研究在建立理论

框架的过程中，从文化的定义、传承的概念与机制等方面入手，逐步建立起一个完整的理论体系，为进一步研究文化传承与创新提供了坚实的基础。

2. 有效的理论工具与方法运用

在理论路径的建立过程中，本研究运用了一系列有效的理论工具与方法，如概念分析、文献综述、案例研究等，以更加深入地理解文化传承与创新的内涵与特点，为实践工作提供了有力的理论支持。同时，这些方法也为研究者在后续的实践中提供了一些借鉴与参考。

二、创新理论与文化创新的丰富与拓展

（一）创新对传统文化影响的新视角

1. 深入研究创新理论的相关概念与分类

本研究深入研究了创新理论的相关概念与分类，探讨了创新的内涵、特征以及不同类型的创新，以便更准确地把握创新的本质与特点，为文化创新的后续研究奠定了理论基础。

2. 揭示创新对传统文化的影响

本研究突出了创新对传统文化的影响，提出了新的视角。本研究深入分析了具体的文化案例，揭示了创新如何激发传统文化的活力与创新性。传统文化在面对新的社会环境与需求时，需要不断进行创新与变革，以适应时代的发展。创新不仅能够为传统文化注入新的生机与活力，还能够促进传统文化的传承与发展，丰富了创新理论的内涵，拓宽了创新研究的视野。

（二）创新研究的拓展

1. 跨学科的研究角度

本研究从跨学科的角度探讨了文化传承与创新的关系，结合了创新理论与文化研究的视角。传统上，创新研究主要集中于经济、科技等领域，而文化传承与创新往往被较少纳入其中。然而，文化作为一个重要的创新领域，其创新研究具有独特的意义与价值。本研究通过跨学科的研究方法，丰富了创新研究的内容，为文化传承与创新的理论探讨提供了新的思路与方法。

2. 新的思路与方法

本研究采用跨学科的研究方法，不仅从经济学、管理学等学科的角度来探讨创新，还将文化、社会等因素纳入考虑范围，从而使得创新研究更加全面、深入。这种新的研究方法不仅丰富了创新研究的内容，也为文化传承与创新的理论探讨

提供了新的思路与方法。

三、传承与创新的冲突与融合的深入剖析

（一）保护与创新之间的平衡策略

1. 矛盾与冲突的解析

现代社会，传统文化的保护与创新之间往往存在矛盾与冲突。传统文化作为一种珍贵的文化遗产，需要得到有效的保护与传承，但与此同时，社会的发展也需要不断地创新与更新。过度保护传统文化会导致文化僵化与落后，而过分追求创新又可能破坏传统文化的根基与传承。因此，如何在保护传统文化的基础上实现创新成了一个重要问题。

2. 平衡策略的提出

本研究通过对国内外文化保护与创新案例的分析，提出了一系列可行的平衡策略。其一，我们需要在保护传统文化的基础上，注重对传统文化的活化与更新，通过挖掘传统文化的内涵与精神，为其赋予新的时代内涵与活力。其二，我们可以借鉴现代科技手段，如数字化技术、虚拟现实等，将传统文化与现代科技相结合，推动传统文化的传承与创新。其三，我们还可以通过开展文化创意产业、建设文化创意园区等方式，激发社会创新活力，促进传统文化的创新与发展。

（二）为传承与创新的实践工作提供有益的参考

1. 提供实践指导与借鉴

本研究通过对传承与创新的冲突与融合进行深入剖析，并提出了一系列平衡策略，为传承与创新的实践工作提供了参考。相关部门可以根据这些策略，制订具体的实践方案与政策措施，更加有效地推动文化传承与创新工作的开展。同时，相关部门可以借鉴国内外的成功经验与做法，结合本地实际情况，探索适合本地区的文化传承与创新模式，为实践工作提供针对性的指导与借鉴。

2. 实现保护与创新的双赢

本研究通过平衡保护与创新之间的关系，不仅可以保护好传统文化，传承其优秀传统，还能够实现对传统文化的创新与发展。这种双赢局面不仅有利于传统文化的传承与发展，也有助于提升文化产业的发展水平，推动文化事业的繁荣与进步。

第三节　实践意义与建议

一、研究结果对文化传承与创新工作的启示

（一）强调社会参与的重要性

1. 社会参与的作用与意义

研究结果表明，社会参与在文化传承与创新中扮演重要角色。传统文化的传承与创新不应只是政府或特定机构的责任，而应是全社会共同参与的事业。社会各界的积极参与不仅可以促进传统文化的传承，还能为文化创新提供新的思路与动力。公众、非政府组织、企业等各方共同参与，形成多方合作的局面，能够更好地发挥社会力量，推动文化传承与创新事业不断向前发展。

2. 多元化的参与模式

为了更好地发挥社会参与的作用，文化传承与创新工作需要注重多元化的参与模式。民间组织、社会团体、文化从业者等各方应参与各种文化项目。这种多元化的参与模式能够充分调动社会各界的积极性和创造力，使社会各界共同推动文化传承与创新事业的发展。

（二）数字化时代的挑战与机遇

1. 数字技术的应用

随着数字化时代的到来，传统文化面临着新的挑战与机遇。数字技术的发展为文化传承与创新提供了新的平台与手段。我们通过建立数字化文化资源库、开发文化创意产品、利用虚拟现实技术进行文化体验等方式，可以将传统文化与现代科技相结合，促进传统文化在新时代的传承与创新。同时，数字化技术也为文化传承与创新工作提供了更广阔的空间和更丰富的资源，为文化事业的发展带来了新的机遇。

2. 应对挑战

数字化时代带来机遇的同时，也带来了一系列问题与挑战，如数字鸿沟、信息过载等。为了充分利用数字化技术的优势，推动传统文化的传承与发展，我们需要应对这些挑战。我们可以通过加强数字素养教育、建立数字文化保护机制、开展数字文化普及活动等方式，解决数字鸿沟问题；同时，也需要加强信息管理与筛选，防止信息过载对传统文化传承与创新工作的干扰。

二、提出实践建议与指导原则

（一）建立多元化的文化传承与创新机制

1. 加强政策引导与制度建设

政府部门在文化传承与创新方面应加强政策引导，包括制定相关政策法规，提供资金支持，设立专门机构负责文化传承与创新的管理与监督，以及建立奖励机制鼓励创新等。政府的政策支持将为文化传承与创新提供有力保障。

2. 发挥非政府组织的作用

非政府组织在文化传承与创新方面具有灵活性和创新性，能够更快地适应社会变化和文化需求。因此，非政府组织应发挥自身优势，组织开展各类文化传承与创新活动，如文化节庆、传统技艺传习、文化展览等，以丰富的形式和内容吸引社会公众的参与。

3. 加大企业对文化产业的投入

企业在文化传承与创新中扮演重要角色，可以通过资金投入、技术支持、人才培养等方式推动文化产业的发展。政府鼓励企业增加对文化产业的投入，积极参与文化创新项目，开展文化传承活动。企业将社会责任和文化传承和创新相结合，可以实现经济效益与社会效益的双赢。

4. 建立跨部门、跨行业的合作机制

文化传承与创新涉及多个部门和行业，需要形成跨部门、跨行业的合作机制，实现资源共享、信息互通、协同发展。政府、企业、社会组织等各方应加强沟通与协调，建立合作平台，共同制订并实施文化传承与创新的发展规划和项目，形成合力，推动文化事业的蓬勃发展。

（二）加强对数字技术等新技术的应用

1. 创新文化产品与服务

我们可以利用数字技术等新技术，开发具有文化特色的创新产品与服务，如数字化图书馆、文化遗产保护与展示平台、在线文化教育培训等，以满足公众对文化传承与创新的需求，提升文化传承与创新的效率和质量。

2. 推动文化数字化建设

我们应加强对文化数字化建设的投入与支持，建立数字化文化资源库，开展数字化文化传播与推广，推动文化产业的数字化转型，提升文化传承与创新的可持续发展能力。

3. 创新数字化体验与交流方式

我们可以利用虚拟现实技术等手段，打造生动、丰富的文化体验场景，提供多样化的文化交流平台，拓展公众对文化传承与创新的参与方式，激发社会各界的创新活力。

4. 加强数字素养教育

我们应加强数字素养教育，提高公众对数字技术的认知水平与应用能力，推动社会各界更好地理解、支持和参与文化传承与创新工作，促进文化数字化发展的良性循环。

第四节 未来研究方向展望

一、对当前研究局限性的反思

我们必须承认，本研究存在一些局限性。

首先，样本选择存在一定局限性。本研究主要基于特定地区或特定群体，因此对于其他地区或群体的适用性有限。未来的研究应该更加全面地考虑不同地域、不同文化背景下的情况。

其次，尽管本研究努力建立了清晰的理论框架，但在理论体系方面仍有待进一步完善。本研究没有涵盖所有相关的理论概念，或者对某些概念的阐释还不够深入。未来的研究可以更加深入地挖掘理论框架的内涵，不断完善理论体系，以提升研究的理论贡献度和学术价值。

二、未来可能的研究方向与拓展领域

（一）跨学科研究的发展

1. 文化与社会学的交叉研究

未来的研究可以深入探讨文化与社会结构、社会发展之间的关系。例如，未来的研究可以关注不同社会群体对文化传承与创新的态度和行为，探索文化在社会认同、社会凝聚力中的作用机制。

2. 经济学视角下的文化产业研究

未来的研究可以关注文化产业对经济增长、就业创造、城市发展等方面的贡献，以及文化产业与其他产业的相互关系；可以探讨文化产业在促进经济增长和城市发展中的作用，以及文化产业与数字经济、创意产业等新兴产业的融合与创新。

（二）文化创新与可持续发展

1 文化创新与环境可持续性

未来的研究可以探索文化创新与生态环境保护、资源利用的关系，分析文化传承与创新对环境可持续性的影响；可以研究文化创新在环境教育、环境保护意识培养等方面的作用，推动文化传承与创新和可持续发展的有机结合。

2. 文化创新与社会可持续性

未来的研究可以探索文化创新与社会可持续发展的关系，分析文化传承与创新对社会进步的促进作用；可以研究文化创新在促进社会包容、消除社会不平等、增强社会凝聚力方面的实践经验和启示。

（三）数字化时代的文化传承

1. 数字技术与文化创新

未来的研究可以深入探讨数字技术对文化传承与创新的影响，特别是在文化资源数字化、文化内容创新、文化传播方式变革等方面的作用；可以研究数字技术如何改变传统文化的传承方式和传播途径，以及数字化时代下文化创新的新模式、新路径。

2. 虚拟现实与文化体验

未来的研究可以关注虚拟现实技术在文化传承与创新中的应用，探索虚拟现实技术如何改变人们对传统文化的感知和体验；可以研究虚拟现实技术在文化教育、文化旅游、文化展示等方面的应用效果，推动虚拟现实技术与文化传承的融合发展。

（四）社会参与文化治理

1. 公众参与文化创新

未来的研究可以进一步探讨公众参与在文化传承与创新中的作用机制和影响因素，以及如何激发公众的参与热情和创新活力；可以研究社会组织、非政府组织等社会力量在文化传承与创新中的作用和发挥，推动文化传承与创新工作更加民主、多元、平等。

2. 文化治理与政策创新

未来的研究可以关注文化治理体系与机制的创新，探索构建适应时代发展需求的文化治理新模式；可以研究政府部门与社会各界在文化治理中的协同机制、政策创新与实践效果，推动文化治理体系的持续优化和完善。

参考文献

[1] 李亚 .《人民画报》：用经典影像讲好中国故事 [J]. 传媒，2018（18）：44-46.
[2] 赵亮 . 反思与坚守：传统媒体在社交媒体平台探索中的新闻专业主义——以《人民日报》微信公众号为例 [J]. 传播力研究，2018，2（19）：112-113.
[3] 杨华源 . 传统媒体微信公众号的新闻重构策略 [J]. 传媒，2018（15）：40-42.
[4] 陈茁 . 从叙事学角度探索党报经济新闻发展方向 [J]. 中国记者，2013（2）：84-85.
[5] 主流媒体融合发展与舆论引领 [J]. 传媒，2018（18）：6-7.
[6] 范嵘 . 深度报道的叙事学分析 [J]. 青年记者，2017（2）：56-57.
[7] 陈刚，周怡帆 . 新媒体新闻标题语言的特点、问题与规范 [J]. 传媒，2018（18）：58-61.
[8] 彭聪，赵昆 . 非物质文化遗产文化活态的传播创新——以安新芦苇画短视频呈现为例 [J]. 出版广角，2019（1）：49-51.
[9] 荣梅娟 . 新媒体多元化形式下的非遗数字化保护研究 [J]. 智库时代，2018（42）：265-267.
[10] 李新潮. 中华优秀传统文化创造性转化创新性发展的运行机理 [J]. 理论学刊，2022（2）：25-33.
[11] 钮则圳. 习近平对中华优秀传统文化的创造性转化与创新性发展：以对《孟子》的引用为例 [J]. 湖南省社会主义学院学报，2022，23（1）：73-76.
[12] 高荣. 优秀传统文化的创造性转化和创新性发展 [J]. 大众文艺，2022（3）：7-9.
[13] 薛庆超，薛静，刘伊纯. 中华文化和中国精神的时代精华：习近平对中华优秀传统文化的创造性转化和创新性发展 [J]. 统一战线学研究，2022，6（1）：1-15.
[14] 李沁芳. 论中华优秀传统文化的创造性转化与创新性发展 [J]. 农村·农业·农

民（B 版），2021（12）：50-52.

[15] 王富康，夏悦 . 古琴文化遗产保护与传承现状调查与思考 [J]. 艺术评鉴，2018（21）：45-46.

[16] 昭闻 . 论中国古琴文化精神内涵的传承及当代意义下的审美重构 [J]. 才智，2018（9）：1.

[17] 董晶 . 古琴文化遭遇现代传播的尴尬 [J]. 当代音乐，2015（7）：127-128.

[18] 王晓琳 . 新媒体环境下的古琴文化传播 [J]. 新闻研究导刊，2016（16）：104.

[19] 周平尚 . 新媒体背景下九嶷古琴文化传承与弘扬研究 [J]. 湖南科技学院学报，2019，40（8）：14-15.

[20] 林俞坤 . 新媒体环境下传播闽派古琴文化的可行性研究 [J]. 艺苑，2016（1）：91-94.

附　录

附录一　调查问卷样本

尊敬的社区居民：

您好！为了更好地了解社区居民的文化需求和兴趣，提升社区文化活动的质量和参与度，我们诚邀您参与此次调查问卷。请您根据个人情况如实填写，您的意见和建议对我们非常重要。感谢您的配合！

1. 您对当前社区文化活动的了解程度如何？（请选择）

（1）很了解□

（2）了解一般□

（3）不太了解□

2. 您参加过社区举办的文化活动吗？如果是，请列举您参加过的文化活动。

____

____

3. 您认为社区应该举办哪些类型的文化活动？（可以多选）

（1）传统文化展示（如古琴演奏、书画展览等）□

（2）艺术表演（如舞蹈、音乐会等）□

（3）亲子互动活动（如手工 DIY、亲子游戏等）□

（4）社区文学沙龙或读书会□

（5）社区电影放映或影视讲座□

（6）其他（请具体说明）□

4. 您更倾向于参加哪种形式的文化活动？（请选择）

（1）线上活动□

（2）线下活动□

（3）不确定□

5. 您对社区文化活动的时间安排有何建议？（请选择）

（1）周末或节假日□

（2）平日晚间□

（3）白天□

（4）其他（请具体说明）____________________

6. 您是否愿意积极参与社区文化活动的组织策划或志愿服务？（请选择）

（1）是□

（2）否□

7. 您对社区文化活动有什么其他建议或意见？请在下方填写。

[填写区]

____

感谢您抽出时间填写此份调查问卷！您的宝贵意见将有助于我们更好地为社区居民提供丰富多彩的文化活动。

附录二　问卷调查样本

尊敬的受访者：

您好！我们正在进行一项关于社会动力学的问卷调查，旨在了解社会中各种力量对于社会变迁和发展的影响。您的参与对我们的研究非常重要，请您抽出几分钟时间填写下面的调查问卷。所有的回答都将被保密，并仅用于学术研究目的。

1. 性别

（1）男性□

（2）女性□

2. 年龄

（1）18 岁以下□

（2）18~30 岁□

（3）31~45 岁□

（4）46~60 岁□

（5）60 岁以上□

3. 教育程度

（1）小学及以下□

（2）初中□

（3）高中 / 中专□

（4）本科□

（5）研究生及以上□

4. 您目前的职业是什么？（可多选）

（1）学生□

（2）公务员□

（3）企业职员□

（4）自由职业者□

（5）农民□

（6）其他（请注明）______

5. 您对社会动力学有何了解？

（1）完全不了解□

（2）了解一些□

（3）了解较多□

（4）专业研究者□

6. 您认为社会动力学研究的重要性如何？

（1）非常重要□

（2）比较重要□

（3）一般□

（4）不太重要□

（5）完全不重要□

7. 您认为社会动力学的研究方法中，哪种方法更具有说服力？

（1）历史比较法□

（2）案例分析法□

（3）问卷调查法和统计分析法□

（4）其他（请注明）__________

8. 您认为社会变迁和发展中最主要的动力是什么？（可多选）

（1）经济因素□

（2）政治因素□

（3）文化因素□

（4）技术因素□

（5）社会运动□

（6）其他（请注明）__________

9. 您认为社会动力学研究应该重点关注哪些领域？

（1）社会变迁□

（2）社会发展□

（3）社会运动□

（4）其他（请注明）——————

感谢您的参与！您的意见对我们的研究非常宝贵！